DR. LAUREN FINKA
Schmusekater oder Grummelkatze?

Buch

Wer wüsste nicht gerne, was im Kopf der eigenen Katze vor sich geht? Sie kann zwar nicht sprechen, doch wenn Sie ihre Signale zu deuten wissen, sagt sie Ihnen sehr genau, wie es ihr geht, was sie mag und was nicht. Mithilfe zahlreicher Tests und Fragebögen sorgt Katzenexpertin Dr. Lauren Finka nun dafür, dass Sie Ihren Vierbeiner ganz neu kennenlernen: Entdecken Sie, ob Ihr Stubentiger eher neugierig oder ängstlich ist, ob er ein echter Jäger ist oder eine Gesellschaftskatze, die gerne andere Katzen um sich hat. Außerdem erfahren Sie, ob Ihre Katze all die Aufmerksamkeit genießt, die Sie ihr zuteilwerden lassen, und wie Sie dafür sorgen, dass sie sich rundum wohlfühlt. Mit zahlreichen Tipps und Ratschlägen für jeden Persönlichkeitstyp unterstützt Dr. Finka Sie dabei, die Bedürfnisse der Katze zu verstehen. Denn wenn Sie wissen, was für ein Typ Ihre Katze ist, können Sie sie ganz leicht glücklich machen!

Autorin

Dr. Lauren Finka hat sich als Verhaltensforscherin an der Nottingham Trent University auf Katzen spezialisiert. Im Zuge ihrer Doktorarbeit beschäftigte sie sich intensiv mit den Charakterzügen von Katzen und entwickelte ein Tool namens L-Cat, mit dem man das Verhalten von Tierheimkatzen analysieren kann, um ein passendes Zuhause für sie zu finden. Dr. Finka war in verschiedenen Tierheimen tätig und setzt sich leidenschaftlich für das Wohl von Stubentigern ein. Sie hält Vorträge über das Verhalten sowie die richtige Pflege von Katzen und arbeitet gemeinsam mit der Organisation »International Cat Care« an verschiedenen Projekten, die Katzen zugutekommen. Außerdem schreibt Dr. Finka regelmäßig für Magazine wie *Your Cat*.

DR. LAUREN FINKA

SCHMUSE-KATER *ODER* GRUMMEL-KATZE?

DER PERSÖNLICHKEITSTEST FÜR KATZEN

Unsere Liebsten verstehen und glücklich machen

Aus dem Englischen
von Angelica Bahlke

GOLDMANN

Die englische Originalausgabe erschien 2019 unter dem Titel »The Cat Personality Test« bei Ebury Press, einem Imprint von Ebury Publishing, London.

Alle Ratschläge in diesem Buch wurden von der Autorin und vom Verlag sorgfältig erwogen und geprüft. Eine Garantie kann dennoch nicht übernommen werden. Eine Haftung der Autorin beziehungsweise des Verlags und seiner Beauftragten für Personen-, Sach- und Vermögensschäden ist daher ausgeschlossen.

Sollte diese Publikation Links auf Webseiten Dritter enthalten, so übernehmen wir für deren Inhalte keine Haftung, da wir uns diese nicht zu eigen machen, sondern lediglich auf deren Stand zum Zeitpunkt der Erstveröffentlichung verweisen.

Penguin Random House Verlagsgruppe FSC® N001967

1. Auflage
Deutsche Erstausgabe Oktober 2021
Copyright © 2019 der Originalausgabe: Dr. Lauren Finka
Copyright © 2021 der deutschsprachigen Ausgabe: Wilhelm Goldmann Verlag, München,
in der Penguin Random House Verlagsgruppe GmbH,
Neumarkter Str. 28, 81673 München
Illustrationen: © Ebury Press 2019, Rachel Sanson
Umschlag: Uno Werbeagentur, München
Umschlagmotiv: FinePic®, München
Redaktion: Andrea Kalbe
Satz: Satzwerk Huber, Germering
Druck und Bindung: GGP Media GmbH, Pößneck
Printed in Germany
KW · IH
ISBN 978-3-442-17901-5

Besuchen Sie den Goldmann Verlag im Netz.

Dieses Buch widme ich Barry,
einem Kater mit außergewöhnlichem Charakter.
Er war mir ein wunderbarer Gefährte, Lehrer,
Forschungsassistent und loyaler Nickerchen-Partner.
Er wird mir immer fehlen.

INHALT

Einleitung 9

TEIL 1: DIE MENSCHENKATZE 13
Was denkt Ihre Katze über Sie? 15
Wie möchte Ihre Katze gestreichelt werden? 41
Ist Ihre Katze bereit für ein Baby im Haus? 63

TEIL 2: DIE KATZENKATZE 83
Freund oder Feind – was für Beziehungen führen Ihre Katzen? 87
Wie wohl fühlen sich Ihre Katzen miteinander? 100
Kommt Ihre Katze mit einem neuen Fellgenossen klar? Und sind Sie bereit für eine weitere Katze? 125

TEIL 3: DIE JAGDKATZE 147
Wie raubtierhaft oder verspielt ist Ihre Katze? 148

TEIL 4: EINE GLÜCKLICHE KATZE 177
Wie glücklich ist Ihre Katze? 178
Wie reagiert Ihre Katze auf Veränderungen? 215

TEIL 5: KATZENELTERN 233
Sind Sie bereit für eine Katze? 235
Was für ein/e Katzenmama/Katzenpapa sind Sie? Und welche Katze passt zu Ihnen? 248

Danke 264
Sachregister 265

EINLEITUNG

DIE HAUSKATZE: EIN KURZER BLICK IN DIE GESCHICHTE

Seit ungefähr 10 000 Jahren genießen Menschen auf verschiedene Art und Weise die Gesellschaft von Katzen. Man geht jedoch davon aus, dass sie erst seit 4 000 Jahren auch als Haustiere und nicht nur als kostengünstige Kammerjäger gehalten werden. Heute zählt die Katze zu den häufigsten Haustieren auf der Welt, in manchen Fällen ist sie sogar beliebter als ihr Pendant, der Hund. Doch obwohl wir diese wunderschönen Fellwesen in unsere Herzen und unsere Häuser gelassen haben, bleiben sie uns in vielerlei Hinsicht ein Rätsel, und wir wissen, dass es noch viel über sie zu lernen gibt!

Klar ist allerdings, dass sie ihrer nächsten noch lebenden Verwandten, der Falbkatze (genauer der Afrikanischen Wildkatze), bis dato sehr ähnlich ist. Diese Ähnlichkeiten reichen von ihren Genen bis zu ihrem Äußeren und ihrem Verhalten. Das Verständnis ihrer Herkunft hilft uns heute dabei, vieles im Verhalten der Hauskatze zu erklären. Innerhalb einer vergleichsweise kurzen Zeitspanne ist aus der einzelgängerischen, die Ebenen des Fruchtbaren Halbmondes (eines nahöstlichen Gebiets) durchstreifenden Katze ein Haustier geworden, das es sich weltweit auf den Sofas der Menschen gemütlich macht. Katzen sind zweifelsohne sehr anpassungsfähige Wesen. Doch für ein Tier, dessen Gehirn meist noch darauf programmiert ist, mehr wie eine unabhängige Wildkatze als ein liebevolles Haustier zu denken, ist dieser grundlegende Wandel seiner Lebensweise nicht unproblematisch. Außerdem ist offensichtlich, wie unterschiedlich die Charaktere von Katzen sein können. Tatsächlich waren die Hauskatzen eine der ersten Arten, die Naturhistoriker wie den großen Charles Darwin dazu verleiteten, sich mit dem Gefühlsleben von Tieren und ihren individuellen Unterschieden zu befassen. Diese Unterschiede können die Art und Weise, wie Katzen ihre Umwelt wahrnehmen und auf sie reagieren, stark beeinflussen. Wir als liebevolle Katzenhalter tun unseren Fellnasen also den größten Gefallen, wenn wir uns ihre Herkunft und die individuellen Unterschiede bewusst machen, um so ihre Bedürfnisse besser stillen zu können.

WAS IHNEN DIESES BUCH BIETET

Dieses Buch ist als unterhaltsamer, leicht anzuwendender Ratgeber mit zahlreichen Tests und Expertentipps für alle Katzenhalter gedacht. In den folgenden Kapiteln werden Sie mehr über den Charakter und die Gefühle Ihrer Katze erfahren: womit sie gut umgehen kann, warum sie so ist, wie sie ist, und was sie antreibt. Jedes Kapitel ist gespickt mit praktischen Tipps, die Ihnen dabei helfen sollen, eine harmonische Beziehung mit Ihrem Stubentiger zu führen und ihm ein gutes Leben zu bieten. Die Inhalte in diesem Buch wurden von einer führenden Expertin in Sachen Katzenverhalten zusammengetragen und basieren auf dem neuesten Stand wissenschaftlicher Forschung. Obwohl die Fragebögen in jedem Kapitel als solche keine wissenschaftlich validierten »Tests« darstellen, basieren die Informationen und Empfehlungen weitestgehend auf den gegenwärtig anerkanntesten Vorgehensweisen und wissenschaftlichen Studien. Wenn Sie auf der Suche nach einem Buch sind, das Sie das Verhalten und den individuellen Charakter Ihres kostbaren Schmusekaters besser verstehen lässt, dann ist dieser Ratgeber definitiv der richtige für Sie!

TEIL 1: DIE MENSCHENKATZE

In diesem Teil:

Was denkt Ihre Katze über Sie?

Wie möchte Ihre Katze gestreichelt werden?

Ist Ihre Katze bereit für ein Baby im Haus?

Wir Katzenfreunde pflegen oft eine enge soziale Bindung zu unseren samtpfotigen Vierbeinern, die sowohl uns als auch ihnen sehr guttun kann. Manchmal fühlt es sich allerdings so an, als ob diese Liebesgeschichte etwas einseitig sei. Als Katzenenthusiast haben Sie sicherlich bereits die verschiedenen Extreme des Katzencharakters kennengelernt – er reicht von der faktischen Abhängigkeit vom Menschen bis zur scheinbaren Allergie gegen unsere Anwesenheit. Aufgrund ihrer unnahbaren wilden Vorfahren kommen Katzen nicht unbedingt als Menschenliebhaber zur Welt. Um unsere Zuneigung erwidern zu können, müssen Katzen eine bestimmte Persönlichkeit besitzen und in einem bestimmten Alter positive Erfahrungen mit Menschen gemacht haben. Lebt eine Katze als Haustier bei uns, ist oft entscheidend, wie viel Vertrauen sie uns schenkt und wie sicher sie sich fühlt. Denn das bestimmt nicht nur, welche Art von Beziehung wir mit ihr haben können, sondern letztendlich auch, wie wohl sie sich an unserer Seite fühlt. Die folgenden Fragen werden Ihnen dabei helfen einzuschätzen, wie zutraulich und entspannt Ihre Katze ist und was Sie tun können, um Ihre Beziehung zu ihr derart zu gestalten, dass Sie sie so glücklich wie nur möglich machen.

WAS DENKT IHRE KATZE ÜBER SIE?

Gibt Ihre Katze dem Futter oder Ihnen den Vorzug?

Nehmen Sie sich eine kleine Handvoll des Trockenfutters Ihrer Katze oder ein paar Leckerli sowie eines ihrer Lieblingsspielzeuge. Setzen oder knien Sie sich ein paar Meter entfernt von Ihrer Katze hin und legen Sie die Leckerli und das Spielzeug rechts und links neben sich, ungefähr auf Kniehöhe. Rufen Sie sie mit Ihrer sanftesten Katzenstimme und strecken Sie die Hand nach ihr aus (Handfläche nach unten zeigend). Streicheln Sie sie nur, wenn sie sich an Ihnen reibt. Beobachten Sie Ihre Katze 60 Sekunden lang. Idealerweise wiederholen Sie das mehrmals, zu verschiedenen Tageszeiten. Legen Sie das Spielzeug und die Leckerli jedes Mal anders hin, mal beides zu Ihrer Linken oder zu Ihrer Rechten, aber immer in gleicher Entfernung zur Katze.

WAS MACHT IHRE KATZE?

A. Sie trabt schnurstracks zu Ihnen und lässt sich am Kinn kraulen.

B. Sie kommt angelaufen, untersucht alles schnell und reibt ihren Kopf dann ein paarmal an Ihrer Hand, bevor sie sich den Leckerli widmet.

C. Sie schlendert zu Ihnen, beschnüffelt Sie, isst ein paar Leckerli und lässt ihre Tatzen dann auf das Spielzeug niederfahren.

D. Sie kommt vorsichtig näher, schnappt sich ein paar Leckerli und verschwindet dann wieder.

E. Sie bleibt, wo sie ist, und tut so, als hätte sie Sie nicht rufen gehört.

Was müssen Sie tun, damit Ihre Katze zu Ihnen kommt?

A. Ich muss gar nichts machen – meine Katze weicht nie von meiner Seite!

B. Ich muss sie nur sanft dazu auffordern oder ihren Namen rufen.

C. Manchmal muss ich sie mehrmals rufen und auf meinen Schoß klopfen, aber meist kommt sie dann irgendwann.

D. Das ist harte Arbeit, meist brauche ich dafür ein Stück Schnur, oder ich rascheseele mit der Leckerli-Packung.

E. Essen muss her, und zwar gut sichtbar.

Was tut Ihre Katze in Ihrer Nähe?
(Zutreffendes ankreuzen, mehrere Kreuze möglich)

- ○ Sie läuft Ihnen hinterher oder taucht plötzlich wie ein Stalker auf Samtpfoten neben Ihnen auf.
- ○ Sie läuft auf Sie zu, ihr Schwanz zeigt nach oben, vielleicht mit einer kleinen Krümmung am Schwanzende wie das obere Ende eines großen Fragezeichens.
- ○ Sie wiegt ihren Schwanz sanft in der Luft, als würde sie an einer unsichtbare Harfe zupfen.
- ○ Sie windet sich um Ihre Beine, während Sie stolpernd versuchen, nicht auf sie zu treten.
- ○ Sie unterhält sich mit einer fröhlichen Mischung aus Maunzen, Schnurren und »Singsang« mit Ihnen.
- ○ Sie reibt sich an Ihnen oder an Gegenständen in Ihrer Nähe.
- ○ Sie schnurrt wie ein Motorboot.
- ○ Sie knetet Sie mit ihren Vorderpfoten wie einen Brotteig.
- ○ Sie hat einen entspannten Gesichtsausdruck und aufgestellte, nach vorne zeigende Ohren. Es sieht fast so aus, als würde sie Sie anlächeln.
- ○ Sie sieht in Ihrer Gegenwart generell entspannt aus.
- ○ Sie liegt auf der Seite und zeigt Ihnen ihren Bauch (obwohl Sie ihn wahrscheinlich nur anschauen, nicht anfassen sollen!).

WELCHE DIESER VERHALTENSWEISEN BEOBACHTEN SIE, UND WIE OFT?

A. Die meisten, jeden Tag.

B. Manche, an den meisten Tagen.

C. Manche, gelegentlich.

D. Wenige, aber nur, wenn ich Futter in der Hand habe.

E. Keine davon, nie.

Was tut Ihre Katze in Ihrer Nähe?
(Zutreffendes ankreuzen, mehrere Kreuze möglich)

○ Sie versucht, wo möglich, einen sicheren Abstand zu Ihnen zu wahren.
○ Sie läuft weg, wenn Sie zu ihr gehen oder ihr zu nahe kommen.
○ Sie versucht, den Raum zu verlassen, wenn Sie ihn betreten, oder verhält sich ruhig und hofft, dass Sie sie in ihrem Versteck nicht entdecken.
○ Sie schaut weg, wenn Sie auf sich aufmerksam machen oder ihren Namen rufen.
○ Sie starrt Sie eine Zeit lang, ohne zu blinzeln, an – ist das ein Wettbewerb?
○ Sie wirkt angespannt oder aufgekratzt und kauert am Boden, ihr Schwanz ist an den Körper gepresst.
○ Ihr Gesichtsausdruck ist angespannt, ihre Ohren sind entweder nach hinten gedreht oder seitlich angelegt.
○ Sie wirkt generell so, als würde sie sich in Ihrer Gegenwart etwas unwohl fühlen.
○ Sie scheint leicht zu erstarren, wenn Sie sie berühren oder streicheln.

WELCHE DIESER VERHALTENSWEISEN BEOBACHTEN SIE, UND WIE OFT?

A. Keine davon, nie.

B. Eine oder zwei, manchmal.

C. Manche, gelegentlich.

D. Manche, an den meisten Tagen.

E. Fast alle, jeden Tag.

Es ist Abend, und Sie sitzen mit einer kuschelig-weichen Decke über den Beinen vor dem Fernseher. Was macht Ihre Katze?

A. Sie springt sofort hoch, lässt sich in Ihren Schoß plumpsen und schmiegt sich für Streicheleinheiten an Sie.

B. Sie reibt sich an Ihrem Bein und wartet darauf, hochspringen zu dürfen.

C. Sie setzt sich irgendwann im Laufe des Abends neben Sie.

D. Sie setzt sich in Ihre Nähe, aber nicht in Reichweite.

E. Sie ignoriert Sie geflissentlich und weigert sich den ganzen Abend, in Ihre Nähe zu kommen (außer, wenn Sie das Abendessen hinstellen).

Wenn sich andere Menschen im selben Zimmer wie Ihre Katze aufhalten, was macht sie?

A. Sie versucht mit allen Mitteln, jedermanns Aufmerksamkeit auf sich zu ziehen – Menschen müssten wissen, dass sie Katzen nicht zu ignorieren haben!

B. Hin und wieder dreht sie eine Runde und schaut, wer am besten kraulen kann.

C. Sie sucht sich die Person heraus, die am ruhigsten wirkt, und bleibt eine Weile bei ihr.

D. Sie bemüht sich, einen schnellen Abgang zu machen, ohne dass sie jemand berührt (Schauder).

E. Sie bleibt in ihrem Versteck und hofft, dass niemand sie entdeckt hat.

Wenn Ihre Katze überall im Haus schlafen könnte, wo wäre das dann?

A. Auf Ihrer Brust, wo sie Ihnen säuselnd ins Ohr schnurrt.

B. Irgendwo auf Ihrem Bett, bis Sie sich zu viel bewegen und sie so stören.

C. Irgendwo in Ihrem Schlafzimmer, aber normalerweise nicht auf dem Bett.

D. An irgendeinem ruhigen Ort im Haus, weitab von schnarchenden Menschen.

E. So weit weg von Ihnen wie nur möglich.

Wann kuscheln Sie mit Ihrer Katze oder schenken ihr Aufmerksamkeit?

A. Jeden Tag ohne Ausnahme und in regelmäßigen Abständen – ansonsten kriege ich Ärger!

B. Jeden Tag, wenn sie in der Stimmung dafür ist.

C. Oft, aber meine Katze hat auch anderes zu tun!

D. Nur wenn ich es schaffe, nahe genug an sie heranzukommen/wenn sie es zulässt.

E. Nie, denn es würde wahrscheinlich zu irgendeiner Form von Verletzung führen.

Sie haben ein paar Freunde eingeladen, und es wird immer lauter. Was macht Ihre Katze?

A. Sie ist absolut begeistert von dieser spontanen Gelegenheit zum Netzwerken.

B. Sie freut sich, kurz von allen begrüßt zu werden (solange niemand versucht, sie hochzuheben).

C. Sie scheint entspannt, ist aber nicht in der richtigen Stimmung für soziale Interaktion.

D. Sie sitzt recht angespannt in einer Ecke und beobachtet alles wachsam.

E. Sie ist sehr nervös und wird sich für eine Weile verstecken.

Wie reagiert Ihre Katze auf fremde Menschen?

A. Sie muss sich ihnen sofort vorstellen!

B. Neugierig: Meist wird ausgiebig an den Gästen geschnüffelt, eventuell folgt ein freundliches Köpfchengeben.

C. Sie mag Menschen, die in die Hocke gehen und ihr vorsichtig die Hand zur Inspektion hinstrecken.

D. Sie schaut verängstigt und hält normalerweise Abstand.

E. Sie wird sich gut verstecken, bis es wieder ruhig geworden ist.

Was hält Ihre Katze von den Menschen, die in ihrem Haushalt leben (oder Personen, die Sie regelmäßig besuchen)?

A. Sie liebt sie alle gleichermaßen – Lieblinge sind nicht erlaubt, oder?!

B. Sie zieht die Person vor, die am besten streicheln kann oder die guten Leckerli hat.

C. Sie fühlt sich bei Ihnen am wohlsten, weil Sie am meisten Zeit mit ihr verbringen.

D. Sie ist generell verängstigt oder geht zumindest allen außer Ihnen aus dem Weg.

E. Sie zieht die Personen vor, die auf Distanz bleiben und nicht versuchen, sie anzufassen.

AUSWERTUNG DES KATZEN-PERSÖNLICHKEITSTESTS

Sie haben meistens A angekreuzt – was bedeutet das?

Glückwunsch – Sie haben wahrscheinlich eine sehr zutrauliche und selbstsichere Katze! Sie ist wahrscheinlich ein großer Menschenfreund, ist immer in Ihrer Nähe, interessiert sich für das, was Sie tun, und sucht oft Ihre Aufmerksamkeit. Dies mag für Sie vielleicht nichts Neues sein, aber haben Sie sich jemals gefragt, warum sich Ihre Katze eher wie ein Hund verhält? Möglicherweise kommen bei Ihrer Katze ja verschiedene Faktoren zusammen, die ihren Charakter auf diese Weise geformt haben. Zum Beispiel:

IHRE KATZE HATTE DIE RICHTIGEN ELTERN

Forschungen haben gezeigt, dass die Kätzchen eines kühnen, zutraulichen Vaters im Alter von einem Jahr mehr Selbstvertrauen haben und neugieriger sind. Andere Studien weisen darauf hin, dass die Kätzchen einer ruhigen und im Umgang mit Menschen entspannten Mutter weniger ängstlich sind und auch mehr Lust auf Interaktion mit Menschen haben.

IHRE KATZE IST RICHTIG AUFGEZOGEN WORDEN

Ihre Katze wurde wahrscheinlich in ihrer »sensiblen Phase« (zweite bis siebte Lebenswoche) mit Menschen sozialisiert. Wissenschaftliche Untersuchungen legen nahe, dass das bei Katzen die wichtigste Phase für eine positive Sozialisierung ist. Denn ihre Gehirne scheinen in dieser Zeit am »formbarsten« und insgesamt empfänglicher für neue Erfahrungen und Informationen zu sein. Studien haben gezeigt, dass Kätzchen, die innerhalb ihrer sensiblen Phase ständigen Umgang mit Menschen hatten, später im Leben zutraulicher sind und schneller auf Menschen zugehen als Kätzchen, die in ihrer sensiblen Phase nur teilweise oder gar keinen Umgang mit Menschen hatten, auch wenn sie insgesamt einen genauso langen Zeitraum unter Menschen waren. Außerdem hat man herausgefunden, dass Kätzchen umso zutraulicher werden, je mehr Zeit man täglich mit ihnen verbringt (bis zu einer Stunde).

Ihre Katze hatte wahrscheinlich in ihrer »sensiblen Phase« mit mehr als einer Person Umgang. Wissenschaftler gehen davon aus, dass bei Katzen, die mit bis zu fünf unterschiedlichen Personen zu tun haben (idealerweise eine Mischung aus Männern und Frauen, jung und alt), die Wahrscheinlichkeit größer ist, dass sie sich in Gegenwart von Fremden wohl und sicher fühlen.

Mit Ihrer Katze wurde in ihrer »sensiblen Phase« wahrscheinlich auf positive Art umgegangen. Studien haben gezeigt, dass Kätzchen, mit denen sanft und ruhig umgegangen wird, Menschen eher akzeptieren und schätzen lernen.

TIPPS UND RATSCHLÄGE

Ihre Katze genießt zweifellos die regelmäßige Interaktion mit Menschen – Sie sind ihr sogar wichtig! Sollten Sie mehr als eine Katze oder noch andere Haustiere haben, versuchen Sie trotzdem, jeden Tag etwas Zeit für jedes Tier zu reservieren, damit es die Aufmerksamkeit bekommt, die es braucht. Wenn Ihre Katze nach Aufmerksamkeit sucht und mit anderen Tieren (oder Menschen) darum konkurrieren muss, kann das frustrierend für sie sein und eventuell Konflikte und Stress auslösen. Indem Sie feste Zeiten für sie einplanen, können Sie das vermeiden. Manche Katzen möchten lieber nur zu bestimmten Tageszeiten mit uns interagieren. Wenn das bei Ihrem Vierbeiner der Fall ist, kann ein täglicher Rhythmus vorteilhaft sein. Sie werden vielleicht auch feststellen, dass dieser Rhythmus Ihre Katze davon abhält, Sie zu nerven, wenn Sie gerade beschäftigt sind und sich auf anderes konzentrieren müssen. (Das ist besonders hilfreich für alle im Homeoffice!) Wenn Ihre Katze zum Beispiel weiß, dass »ihre Kuschelzeit« ungefähr zwischen 8 und 9 Uhr und zwischen 14 und 16 Uhr ist, macht sie in der Zwischenzeit wahrscheinlich gerne ihr eigenes Ding. Wenn sie allerdings nie genau weiß, wann Sie sich mit ihr beschäftigen, ist es wiederum gut möglich, dass sie ständig darauf wartet und Sie nicht in Ruhe lässt!

Obwohl Ihre superzutrauliche, selbstsichere Katze wahrscheinlich immer für eine Streicheleinheit zu haben ist, hat jede Katze ihre Vorlieben, wenn es ums Streicheln und Spielen geht. Es ist also wichtig, dass Sie darauf achten, was Ihre Katze gerne mag und was nicht. Manche zutrauliche Katzen würden am liebsten den ganzen Tag auf unserem Schoß verbringen. Andere hingegen ziehen kurze, aber häufige Kuschelzeiten vor. Solche Katzen holen sich gerne eine schnelle Streicheleinheit ab, gehen anschließend auf Erkundungstour und kommen dann für eine zweite Runde wieder. Manche Schmusekater genießen es, von Kopf bis Pfote gestreichelt zu werden (selbst an der heikelsten aller Stellen – dem Bauch!), während andere es vorziehen, dass man sich auf Kinn, Wangen und Ohransatz beschränkt. Wenn Sie die Vorlieben Ihrer Katze herausfinden, können Sie sie glücklich machen und die Bindung zu ihr stärken. Machen Sie den Test auf den Seiten 41–63, um herauszufinden, welches »Streichelprotokoll« Ihre Katze bevorzugt.

Sie haben meistens B oder C angekreuzt — was bedeutet das?

Glückwunsch! Sie haben eine durchschnittlich zutrauliche (aber immer noch absolut wunderbare) Katze! Sie genießt es zwar, mit Ihnen zusammen zu sein, hat aber auch hin und wieder gerne etwas Zeit für sich.

Es ist schon faszinierend: Die Welt unserer Hauskatze könnte nicht unterschiedlicher sein als jene, in der ihre wilde Verwandtschaft lebt. Denn Wildkatzen leben hauptsächlich als Einzelgänger. Sie meiden nicht nur Menschen, sondern, wenn möglich, auch andere Katzen. Respektieren Sie die Wildkatze in Ihrem Stubentiger und achten Sie darauf, nicht zu viel »sozialen Druck« auf ihn auszuüben. So sorgen Sie auch dafür, dass Ihre Katze Sie als Wohlfühlfaktor und nicht als Stressfaktor betrachtet. Genauso wie bei »A-Katzen« ist es auch hier sehr wichtig, dass Sie herausfinden, welche Vorlieben Ihre Katze im Umgang mit Ihnen hat.

TIPPS UND RATSCHLÄGE

Ihre Katze betrachtet Sie zwar wahrscheinlich als wichtige Ressource, doch zusätzlich zu den Streicheleinheiten, die Sie ihr geben, könnten ihr auch andere Formen der Unterhaltung guttun. Darunter fallen interaktive Spielzeuge (zum Beispiel ein Federstab oder ein angelähnliches Spielzeug, das Sie bedienen), interaktive Futternäpfe und die Möglichkeit, nach draußen zu gehen und eine möglichst abwechslungsreiche, katzenfreundliche Umgebung zu erkunden. Ebenso wichtig für Ihre Katze ist, dass sie ein paar ruhige Orte im Haus hat, an denen sie sich ungestört entspannen kann. So kann sie sich auch strategisch dem Trubel im Haus entziehen, wenn sie es braucht. Vergessen Sie nicht: Ihre einzelgängerischen Verwandten stehen mehr auf Ruhe als auf quirlige Zusammenkünfte. Sie sollten auch genau wissen, wie Ihre Katze gerne angefasst werden möchte. Zum Beispiel: Wird sie gerne am ganzen Körper gestreichelt, oder zieht sie ein kurzes Kraulen um ihr Kinn herum vor? Mag Ihr Tiger lieber ein oder zwei intensive Kuschelrunden pro Tag oder viele kurze Liebkosungen über den Tag verteilt? Machen Sie den Test auf den Seiten 41–63, um herauszufinden, wie Ihre Katze am liebsten gestreichelt werden möchte.

Sie haben meistens D oder E angekreuzt – was bedeutet das?

In ihrem Herzen ist Ihre Katze wahrscheinlich viel wilder als ein Haustier und genießt ihre eigene Gesellschaft mehr als die von Menschen. Gut möglich, dass Ihrer Katze, im Gegenteil zur superzutraulichen, selbstsicheren Katze, ein paar wesentliche Merkmale fehlen, die sie gebraucht hätte, um eine ausgeglichene, gesellige Mieze zu werden. Zum Beispiel:

AUCH DIE ELTERN IHRER KATZE MOCHTEN MENSCHEN NICHT SONDERLICH

Ein Elternteil (oder beide) war vielleicht scheu und abweisend gegenüber Menschen. Falls Ihre Katze das Produkt eines ungeplanten Wurfs war, könnte es sein, dass sie wilde oder freilebende Katzen (Streuner) als Eltern hatte, keine typischen Hauskatzen. Viele freilebende Katzen tolerieren Menschen lediglich oder vermeiden sie gänzlich. Das Erbgut, das sie an ihren Nachwuchs weitergeben, fördert diese Verhaltensweisen meist.

IHRE KATZE HAT ALS KÄTZCHEN NICHT DIE RICHTIGEN ERFAHRUNGEN GEMACHT

Ihre Katze hat während ihrer »sensiblen Phase« (zweite bis siebte Lebenswoche) wahrscheinlich nicht die nötige Sozialisierung mit Menschen erfahren. Katzen, die wilde oder freilebende Mütter haben, fallen normalerweise in diese Kategorie. Meist wurden sie im Alter von sieben Wochen eingefangen und in ein

Tierheim gebracht, manchmal wurden sie sogar erst im Erwachsenenalter eingefangen. Ebenso ist es möglich, dass die freilebende Mutterkatze trächtig oder mit sehr jungen Kätzchen, die sie noch stillte, in ein Tierheim gebracht wurde. Wenn sie in dieser Umgebung sehr verängstigt und gestresst war, dürfte sie diesen Stress und diese Angst auf ihre Kleinen übertragen haben. Diese assoziieren Menschen dann ebenfalls mit negativen Erfahrungen. Es ist sehr schwer (und für Ihre Katze sehr stressig), diese Prägung zu verändern. Möglicherweise war es auch schwieriger, diese Kätzchen zu sozialisieren, da ihre Mutter wahrscheinlich keine Menschen an sie heranließ. Der Versuch, eine Katze oder ein Kätzchen zu zähmen oder »herumzukriegen«, mag vielleicht reizvoll erscheinen, doch wenn die Katze sehr viel Angst oder Misstrauen gegenüber Menschen empfindet, kann das sehr nervenaufreibend für das Tier werden, und man ist oft weniger erfolgreich, als wenn man es zur richtigen Zeit sozialisiert. Derart scheue Katzen sind womöglich viel glücklicher, wenn man sie in einer sicheren Umgebung freilässt (natürlich nachdem sie kastriert wurden), wo sie dann den Rest ihres Lebens ohne viel Menschenkontakt verbringen, ganz so wie ihre wilden Verwandten.

Vielleicht hatte Ihre Katze sogar zutrauliche Eltern oder wurde zur rechten Zeit sozialisiert, doch möglicherweise war diese Sozialisierung nicht ausreichend, um Ihrer Katze zu vermitteln, dass Menschen meist etwas Gutes repräsentieren. Eventuell hatte Ihre Katze nur Umgang mit einer Person oder für eine zu kurze Zeitspanne am Tag. Eine andere Möglichkeit ist, dass ihre ersten Erfahrungen mit Menschen hauptsächlich schlecht waren oder grob mit ihr umgegangen wurde.

IHRE KATZE IST VIELLEICHT GESTRESST ODER KRANK

Möglicherweise ist das abweisende, unsichere Verhalten Ihrer Katze auch auf eine Krankheit zurückzuführen, die ihr Unwohlsein oder Schmerzen bereitet. Forschungen haben gezeigt, dass chronische Schmerzen und Krankheiten das Verhalten von Tieren stark verändern können, insbesondere die Art und Weise, wie sie ihre Umgebung wahrnehmen und wie sie mit anderen interagieren. Vielleicht steht ihre Katze auch unter Stress, der durch irgendeinen Faktor in ihrer Umgebung ausgelöst wird. Eine gestresste Katze kann weniger zutraulich und gleichgültiger gegen Kontakt zum Menschen wirken als eine entspannte Katze.

TIPPS UND RATSCHLÄGE

Für Ihre Katze ist das tägliche Treiben in einem typischen Haushalt wahrscheinlich nur schwer auszuhalten. Auch menschliche Zuwendung stellt für sie womöglich eine große Herausforderung dar, vor allem jene von unbekannten Gesichtern. Ihr zu erlauben, so unabhängig und einzelgängerisch wie möglich zu sein, ist in diesem Fall wohl der beste und liebevollste Weg, ihr ein gutes Leben zu ermöglichen. Vielleicht hilft dabei auch, Ihre Fellnase nicht als typisches Haustier, sondern eher als Wildkatze zu betrachten. Alternativ könnten Sie in ihr auch einen kostenintensiven Hotelgast sehen, der kommt und geht, wie es ihm gefällt, und freie Kost und Logis erhält, ohne dafür zu erwarten, dass Ihre Liebe erwidert wird. Die Persönlichkeit einer erwachsenen Katze ist fertig ausgebildet. Ihren Vierbeiner also dazu bringen zu wollen, Sie als etwas anderes zu sehen als einen besseren Dosenöffner, ist an diesem Punkt recht zwecklos.

Trotzdem gibt es noch viel, was Sie tun können, um sicherzustellen, dass Ihre Katze an Ihrer Seite so glücklich leben kann wie möglich. Ihre Katze wird ihre Sicherheit und den ungestörten Zugang zu ihren wichtigsten Ressourcen (Futter, Wasser, Schlafplätze, Verstecke, Katzenklo, Hochsitze) zu ihren Prioritäten machen. Ebenso wird sie viele Ruheplätze oder Erkundungsmöglichkeiten fern von Menschen zu schätzen wissen. Hier wäre es ideal, wenn sie immer Zugang zu einem großen, katzenfreundlichen Garten hat. Ihre Katze könnte es womöglich sogar vorziehen, unter freiem Himmel zu schlafen. Daher wäre es gut, wenn Sie ihr draußen eine Unterschlupfmöglichkeit und Futter zur Verfügung stellen. Und zu guter Letzt: Wenn Sie den Eindruck bekommen, dass Ihre Katze glücklicher wäre, wenn sie wie ihre Verwandten weitab von Menschen leben könnte, ist das vielleicht das Beste für sie. Ihre Katze in eine ruhige, ländliche Gegend mit einer sicheren, warmen Unterschlupfmöglichkeit umzuquartieren ist eventuell genau das, wovon sie immer geträumt hat.

Ist das ausweichende, abweisende Verhalten Ihrer Katze relativ neu (zum Beispiel, wenn sie vorher zutraulich und entspannt im Umgang mit Menschen war), ist es immer ratsam, einen Tierarzt aufzusuchen, und im Anschluss, falls nötig, einen qualifizierten, auf Katzen spezialisierten Verhaltensberater.

GUT ZU WISSEN

SIND RASSEKATZEN MENSCHENFREUNDLICHER?

Eine Untersuchung, die 2019 von Dr. Finka und Kollegen durchgeführt wurde, deutet darauf hin, dass es einen Zusammenhang zwischen der Persönlichkeit einer Katze und ihrer Rasse gibt. Denn verglichen mit heimischen Kurzhaarkatzen zeigten Rassekatzen und Kreuzungen gegenüber ihren Haltern meist ein höheres Maß an Zutraulichkeit und Selbstsicherheit und ein niedrigeres Maß an Distanziertheit, Ängstlichkeit und Berührungsempfindlichkeit. Das mag vielleicht daran liegen, dass normale Hauskatzen häufiger aus ungeplanten Würfen stammen, was wiederum bedeutet, dass womöglich ein Elternteil (oder sogar beide) wild oder frei lebt. Im Gegensatz dazu haben Rassekatzen, sofern sie von einem verantwortungsbewussten Züchter stammen, höchstwahrscheinlich zwei »zutrauliche« Katzeneltern, die ihre »zutrauliche« DNA an ihren Nachwuchs weitergeben. Bei solchen Kätzchen kann man auch davon ausgehen, dass sie gut behandelt und während ihrer sensiblen Phase (zweite bis siebte Lebenswoche) an Menschen gewöhnt werden, bevor sie ein neues Zuhause finden.

GIBT ES RASSEN, DIE ALS BESONDERS ZUTRAULICH GELTEN?

Andere Forschungen, die das Verhalten verschiedener Rassekatzen untersucht haben, konnten einige Unterschiede feststellen. Bei einer großen Untersuchung finnischer Katzen, durchgeführt im Jahr 2019 von Dr. Salonen und Kollegen, stellte sich heraus, dass die Halter von Britisch-Kurzhaar-Katzen, verglichen mit Haltern anderer Rassekatzen, ihre Tiere als distanzierter, aber weniger aggressiv gegenüber Menschen einschätzten. Im Gegensatz dazu wurden Korat-Katzen als am wenigsten distanziert und Burma-Katzen als am wenigsten schüchtern gegenüber Fremden eingeschätzt. Die Russisch Blau hingegen wurde als schüchternste Rassekatze bewertet, sowohl gegenüber Fremden als auch gegenüber unbekannten Gegenständen. Die Türkisch Van wurde am ehesten als aggressiv eingeschätzt, sowohl gegenüber Menschen als auch gegenüber anderen Katzen. Cornish Rex, Korat- und Bengalkatzen wurden von ihren Haltern als besonders aktiv wahrgenommen, Britisch-Kurzhaar-Katzen hingegen als besonders inaktiv. Zu guter Letzt zeigte sich, dass Halter von orientalischen und persischen Katzen am ehesten angaben, dass ihre Katzen ein problematisches Verhalten an den Tag legen und burmesische und orientalische Katzen am häufigsten dazu neigen, sich übermäßig zu putzen.

Diese Ergebnisse sind zwar sehr interessant, doch die Anschaffung einer besonderen Rassekatze statt einer heimischen Hauskatze ist definitiv keine Garantie dafür, dass Ihr Vierbeiner einen bestimmten Charakter haben wird. Wenn es um das Verhalten einer Katze geht, sollten Sie Ihr Augenmerk vielmehr auf ihre sozialen Erfahrungen mit Menschen und die Art der Umgebung, in der sie gehalten wird, richten. Außerdem leben Katzen, die zur Zucht gehalten werden, nicht immer in einer Umgebung, die ihnen guttut. Bei manchen Rassen (zum Beispiel exotische oder Perserkatzen, Munchkins oder Schottische Faltohrkatzen) treten auch vermehrt chronische Krankheiten wie Atemprobleme und degenerative Gelenkerkrankungen auf.

SPIEGELN KATZEN UNSERE EIGENE PERSÖNLICHKEIT?

Eine weitere von Dr. Finka durchgeführte Studie hat aufgezeigt, dass es Parallelen zwischen dem Charakter einer Katze und dem ihrer Halter gibt. Katzen, deren Halter neurotischer waren, wiesen ein höheres Maß an Nervosität, Ängstlichkeit und Berührungsempfindlichkeit auf. Auf der anderen Seite hatten Katzenhalter, die eher extrovertiert, offen und verantwortungsbewusst waren, meist Stubentiger, die in Sachen Zutraulichkeit und Selbstsicherheit punkteten. Außerdem hielten angenehmere, offenere und verantwortungsbewusstere Menschen meist Katzen, die weniger berührungsempfindlich, abweisend oder ausweichend waren. Die Katzen gewissenhafter Halter waren auch weniger ängstlich oder nervös. Diese Ergebnisse lassen darauf schließen, dass Katzen, ganz wie bei Menscheneltern und ihren Kindern, von unserer Persönlichkeit und der Art von »Elternschaft«, der wir sie aussetzen, beeinflusst werden.

WIE MÖCHTE IHRE KATZE GESTREICHELT WERDEN?

Viele Katzen lieben es zweifellos, nach Herzenslust gestreichelt, gekrault und liebkost zu werden. Allerdings, und das wird den meisten enthusiastischen Katzenstreichlern bereits aufgefallen sein, gilt das nicht für alle Samtpfoten. Wir Menschen fühlen uns meist zu kleinen, süßen Felltieren hingezogen und wollen sie instinktiv so ausgiebig wie möglich knuddeln und streicheln. Anders als beim domestizierten Hund ist die nächste wilde Verwandte der Hauskatze, die Afrikanische Wildkatze, aber fast immer ein Einzelgänger und eindeutig nicht taktil, also das Gegenteil von »verschmust«. Das bedeutet, dass Hauskatzen nicht unbedingt streichelwillig auf die Welt kommen, sie brauchen vielmehr die richtige Persönlichkeit und frühe Erfahrungen, um das Kuscheln mit Menschen zu genießen – und selbst dann lieben es die einen mehr, die anderen weniger. Ebenso machen die einen ihre Abneigung gegen Liebkosungen sehr deutlich, während die anderen sie vielleicht still ertragen. Man könnte zwar meinen, dass die Katze, die am lautesten protestiert, auch am stärksten leidet, diesbezüglich durchgeführte Studien deuten jedoch interessanterweise darauf hin, dass die Katze, die still leidet (aber das Streicheln toleriert), am meisten Stress empfindet.

Was hat also Einfluss darauf, ob eine Katze gerne gestreichelt wird, und woran können wir ihre Abneigung oder ihre Vorlieben festmachen? Jede Katze ist anders. Das heißt, ob sie gestreichelt werden will (oder wie), hängt von mehreren Faktoren ab. Dazu gehören:

- 🐾 Ihr Charakter – je zutraulicher und souveräner die Katze, desto wahrscheinlicher ist es, dass sie Streicheleinheiten genießt.
- 🐾 Individuelle Unterschiede – manche Katzen sind an bestimmten Körperstellen empfindlicher (wie zum Beispiel am Bauch) oder genießen das Streicheln nur an bestimmten Stellen. (Manche Katzen lassen sich gerne am Gesicht und Kopf berühren und nirgendwo anders.)
- 🐾 Ihre ersten Erfahrungen – je sanfter und positiver die Behandlung durch Menschen im Kätzchenalter (und später) war, desto besser.

Wenn es ums Streicheln geht, gibt es einen großen Unterschied zwischen »aushalten« und es »wirklich mögen«! Natürlich wünschen wir uns, dass unsere flauschigen Freunde gemeinsame Kuscheleinheiten genauso genießen wie wir. Deshalb ist es hilfreich herauszufinden, was unsere Katze wirklich mag. Die folgenden Fragen sollen Ihnen dabei helfen, die Vorlieben und Abneigungen Ihrer Katze zu erkennen. Gegen Ende dieses Kapitels werden Sie das Katzenstreicheln zu einer Kunst machen können!

Wie gern interagiert Ihre Katze mit Ihnen?

Setzen oder knien Sie sich einen Meter entfernt von Ihrer Katze hin. Wenn nötig, machen Sie höflich auf sich aufmerksam (zum Beispiel mit Ihren üblichen zärtlichen Katzenlockrufen). Halten Sie Ihrer Katze sanft die Hand hin (Handinnenflächen nach unten zeigend). Bleiben Sie so für 20 Sekunden, damit sich Ihre Katze entscheiden kann, ob sie mit Ihnen interagieren möchte oder nicht. Beobachten Sie Ihre Katze. Vielleicht ermutigen Sie Ihre Katze auch mit ein, zwei Worten. Idealerweise wiederholen Sie das mehrmals, und zwar zu verschiedenen Tageszeiten.

WAS MACHT IHRE KATZE?

A. Sie springt auf Sie und beschmust Sie wie wild, bevor Sie überhaupt »Hey, Kleine« sagen können.

B. Sie lässt sich auf die Katzen-Mensch-Knuddelei ein, aber mit kleinen Pausen – 20 Sekunden Tuchfühlung ist wirklich ganz schön viel!

C. Sie lässt sich Zeit, kommt aber irgendwann zu Ihnen und bedenkt Sie mit einem halbherzigen Schnüffler oder Köpfchengeben, bevor sie nach der Leckerli-Packung sucht.

D. Sie schaut kurz in Ihre Richtung und widmet sich dann wieder dem, was sie machte, bevor Sie sich dazu entschlossen, sie mit diesem dummen Test zu nerven.

E. Sie wirft Ihnen einen bösen Blick zu, bevor sie sich so schnell wie möglich aus dem Staub macht – wie konnten Sie nur die Zwei-Meter-Abstandsregel vergessen?

F. ODER: Keine Ahnung, denn Sie haben sie nicht gefunden, da sie sich wahrscheinlich vor Ihnen versteckt.

An welchen Körperstellen lässt sich Ihre Katze normalerweise gerne streicheln oder kraulen?

A. Eigentlich an all diesen Stellen, besonders an 1 und 2 – immer, ohne Ausnahme!

B. Immer an 1, normalerweise an 2 und manchmal an 3 bis 6.

C. Normalerweise an 1, obwohl sie es manchmal auch an anderen Stellen zulässt.

D. Hin und wieder an 1, aber nur, wenn Futter im Spiel ist und sie es schnell hinter sich bringen kann.

E. An keiner der Stellen, nie.

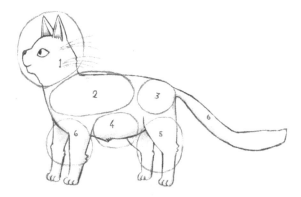

Streicheln Sie Ihre Katze fünf Minuten lang auf die gewohnte Weise, hören Sie dann auf. Beobachten Sie, wie sie reagiert.

WAS MACHT IHRE KATZE?

A. Sie reibt sich sofort an Ihnen oder berührt Sie mit der Pfote – warum zum Teufel hörst du auf, Mensch?!

B. Sie dreht sich langsam um und schaut Sie an, vielleicht schmiegt sie sich auffordernd an Sie.

C. Sie sieht entspannt aus, doch mehr braucht sie nicht – kurz und bündig, das ist genau ihr Ding!

D. Sie gönnt Ihnen nur etwa zwei Sekunden, bevor sie abhaut und/oder eine Warnung im Sinne von »Weiter auf eigene Gefahr« an Sie richtet.

E. Nicht ausführbar: Wenn Sie Ihre Katze streicheln, endet das für Sie beide nicht gut.

Haben Sie beim Streicheln Ihrer Katze bereits die folgenden Verhaltensweisen beobachten können?

- ○ Sie flüchtet vor Ihnen, als ob Sie ansteckend seien.
- ○ Ihre Katze scheint keine Gliedmaßen mehr zu haben (sie hat sie versteckt, um sie vor Ihren schrecklichen, klebrigen Fingern zu schützen).
- ○ Sie erträgt die ganze Prozedur recht passiv, in der Hoffnung, dass es so schneller vorbei ist.
- ○ Sie blinzelt, schüttelt ihren Kopf oder Körper oder leckt sich an der Nase: ein Versuch, sich geistig auf das Streicheln einzustellen.
- ○ Sie beschließt ganz plötzlich, dass sie sehr schmutzig ist und macht sich hektisch an die Fellpflege.
- ○ Ihr Fell zuckt und rollt sich, als wäre sie von unsichtbaren Feinden geplagt.
- ○ Ihr Schwanz wedelt wild hin und her oder peitscht immer wieder auf den Boden.
- ○ Sie bewegt sich plötzlich kaum noch und versucht, so gut wie möglich, eine Statue zu imitieren.
- ○ Sie legt ihre Ohren flach nach unten an oder dreht sie nach hinten.
- ○ Sie dreht sich abrupt zu Ihnen oder Ihrer Hand um und wirft Ihnen dabei einen tödlichen Blick zu.
- ○ Sie beißt, kratzt oder teilt Pfotenhiebe aus.
- ○ Sie faucht, knurrt oder stößt ein unangenehmes Stöhnen aus – pass bloß auf, sonst kriegst du, was du verdienst!

WIE HÄUFIG SEHEN SIE DIESE VERHALTENSWEISEN?

A. Nie! Wir sind beide Fans von Streicheleinheiten.

B. Hin und wieder, aber meist nur, wenn ich es zu weit treibe oder versuche, die »verbotenen« Stellen zu streicheln.

C. Recht häufig: Wahrscheinlich will mir meine Katze damit etwas sagen …

D. So ziemlich jedes Mal, ohne Ausnahme – okay, vielleicht ist es Zeit, meine Taktik etwas zu ändern.

E. Streicheln bedeutet Körperkontakt, und das machen wir nicht!

Haben Sie beim Streicheln Ihrer Katze bereits die folgenden Verhaltensweisen beobachten können?

- ○ Sie reibt sich überall an Ihnen, als ob sie Sie seit einem Jahr nicht mehr gesehen hätte.
- ○ Sie klebt an Ihnen wie ein Magnet in Katzenform.
- ○ Sie schnurrt wie ein Motorboot.
- ○ Sie knetet Sie mit ihren Vorderpfoten wie einen Brotteig.
- ○ Ihr Schwanz zeigt kerzengerade nach oben, vielleicht mit einer kleinen Krümmung am Schwanzende wie bei einem großen Fragezeichen.
- ○ Sie wiegt ihren Schwanz sanft in der Luft, als würde sie an einer unsichtbaren Harfe zupfen.
- ○ Sie hat einen entspannten Gesichtsausdruck und aufgestellte, nach vorne zeigende Ohren. Es sieht fast so aus, als würde sie Sie anlächeln.
- ○ Sie sieht insgesamt entspannt und locker aus – es ist nett, eine persönliche Masseuse zu haben!
- ○ Sie schläft irgendwann ein – so viel Liebe macht müde!
- ○ Sie stößt sie mit der Wange sanft an, um Sie wissen zu lassen, dass Sie das Streicheltempo etwas erhöhen können.
- ○ Sie läuft Ihnen hinterher, bis sie genug hat – ich sage, wann es genug ist, Mensch!

WIE HÄUFIG SEHEN SIE DIESE VERHALTENSWEISEN?

A. Immer, ausnahmslos.

B. Fast immer, außer wenn klar ist, dass ich es mit dem Streicheln etwas übertreibe.

C. Manchmal – wieso habe ich so oft das Gefühl, dass meine Katze etwas Besseres zu tun hat?

D. Hin und wieder, aber ich habe den Eindruck, ihr liegt nicht allzu viel daran.

E. Wie gesagt, an solchen Aktivitäten nehmen wir nicht teil.

Ihre Katze besucht das »Katzen-Wellnesscenter«. Was würde sie buchen?

WELLNESSBEHANDLUNG – WELCHE WÜRDE SIE WÄHLEN?

A. Eine Ganzkörpermassage.

B. Eine indische Kopfmassage.

C. Eine leichte Gesichtsmassage.

D. Eine kontaktlose Behandlung wie zum Beispiel Reiki.

E. Eine Behandlung, bei der sie einfach eine Stunde allein in einem dunklen Raum sein kann.

INTENSITÄT – WAS GEFÄLLT IHR?

A. Eine intensive, tiefgehende Massage.

B. Eine leichte schwedische Massage.

C. Eine sanfte Hautreinigung.

D. Höchstens positive Schwingungen aus der Ferne.

E. Wage es bloß niemand, in ihre Richtung zu schauen.

DAUER – WAS ZIEHT SIE VOR?

A. Mehrere Behandlungen hintereinander, beginnend mit einer entspannenden Gesichtsmassage, gefolgt von einer Ganzkörpermassage und einem Hauch spiritueller Reinigung zum Schluss.

B. Die Standardbehandlung.

C. Eine kurze Schnupperbehandlung.

D. Den Termin abzusagen.

E. Den Gutschein ihrem Nachbarn Fred zu geben (dabei mag sie Fred nicht einmal sonderlich).

HÄUFIGKEIT – WANN WERDEN SIE SIE WIEDERSEHEN?

A. Wenn sie anbietet, Sie als ihre/n persönliche/n Masseuse/Masseur einzustellen.

B. Sie kommt regelmäßig und zu festen Zeiten, vorzugsweise mehrmals am Tag.

C. Sie ist eher der Typ Besucher, der hin und wieder mit einem »Tagespass« vorbeikommt.

D. Vielleicht kommt sie wieder, wenn ihr danach ist, sie will sich allerdings nicht festlegen.

E. Nie wieder: Das war wahrscheinlich die schlimmste Erfahrung ihres Lebens, und als sie ging, war sie gestresster als je zuvor.

AUSWERTUNG DES KATZEN-PERSÖNLICHKEITSTESTS

Sie haben meistens A angekreuzt – was bedeutet das?

Auch ohne diesen Test wissen Sie, dass Sie mit Ihrer Katze den Jackpot gewonnen haben. Denn sie ist eines dieser seltenen Exemplare, das seine unnahbaren, schmusefeindlichen Vorfahren zur Gänze hinter sich gelassen hat. Machen Sie also weiter mit dem, was Sie tun, es scheint zu funktionieren.

Sie haben meistens B angekreuzt – was bedeutet das?

Ihre Katze genießt die Streicheleinheiten mit Ihnen sehr, doch wahrscheinlich wäre es ihr am liebsten, wenn Sie sich dabei an ein »Kuschelprotokoll« hielten. Jede Katze ist anders. Daher werden Sie beide noch mehr Spaß an Zärtlichkeiten haben, wenn Sie ein gutes Gefühl für die Vorlieben Ihrer Katze bekommen.

TIPPS UND RATSCHLÄGE

Vergessen Sie nicht, dass selbst Kuschelsüchtige hin und wieder einmal Lust auf einen streichelfreien Tag haben. Achten Sie also auf Zeichen, die darauf schließen lassen, dass Ihr Stubentiger etwas Zeit für sich braucht. Vielleicht ist er zu höflich oder geduldig, um es Ihnen deutlich zu verstehen zu geben, halten Sie also Ausschau nach den folgenden Anzeichen:

- Sie strecken Ihrer Katze die Hand hin, und sie beschließt, Ihre Geste nicht mit dem üblichen Köpfchengeben zu erwidern.
- Sie dreht ihren Kopf höflich in eine andere Richtung.
- Sie reibt sich nicht so enthusiastisch an Ihnen wie sonst.
- Während Ihrer Kuschelrunde bewegt sie sich kaum und bleibt still.
- Sie bleibt eine Weile bei Ihnen, beschließt dann aber, sich höflich zu verabschieden.

Denken Sie außerdem darüber nach, wann, wo, wie viel, wie lange und wie oft Ihre Katze gerne gestreichelt werden möchte. Ihre Antworten auf die obigen Fragen können Ihnen dabei helfen, die genauen Streichelvorlieben Ihrer Katze besser zu verstehen.

Sie haben meistens C angekreuzt – was bedeutet das?

Auch wenn das sicherlich nicht bedeutet, dass Ihre Katze Sie nicht leiden kann, scheint es doch so, dass sie, um den Körperkontakt mit Ihnen genießen zu können, das Gefühl braucht, frei entscheiden und über sich selbst bestimmen zu können. Manche Katzen sind auch einfach etwas wählerischer, wenn es darum geht, wann, wo und wie sie gestreichelt werden (wie wir eigentlich auch). Es ist gut möglich, dass Ihre Katze weniger scharf auf Kuschelrunden ist als Sie, oder aber dass Sie es einfach nicht richtig machen. Kein Grund zu verzweifeln: Wir haben einen einzigartigen Streichelalgorithmus entwickelt, der die zukünftigen Interaktionen mit Ihrer Katze garantiert zu einem Erfolg machen wird. Vielleicht werden Sie Ihren Stubentiger dann etwas anders streicheln als zuvor, doch durch diesen besonderen Algorithmus wird er es viel mehr genießen!

TIPPS UND RATSCHLÄGE

Einführung des C.A.T.-Streichelalgorithmus. Wenden Sie ihn jedes Mal an, wenn Sie mit Ihrer Katze interagieren.

Choice and control
(Entscheidungsfreiheit und Kontrolle)

- 🐾 Habe ich meine Katze **frei entscheiden** lassen, ob sie angefasst werden will?

🐾 Hat meine Katze die **Kontrolle** darüber, wann die Streicheleinheit zu Ende ist?

Um Obiges zu ermöglichen, lassen Sie Ihre Katze am besten den ersten Schritt machen. Strecken Sie sanft die Hand nach ihr aus und lassen Sie sie entscheiden, ob sie sich daran reibt oder nicht. Wenn sie es nicht tut, dann liegt das wahrscheinlich daran, dass sie nicht in der Stimmung ist (und das ist okay!). Halten Sie Ihre Katze beim Streicheln niemals fest oder heben sie hoch, und hören Sie immer auf oder lassen Sie sie gehen, wenn sie genug hat. Wenn Ihre Katze auf Sie zugeht, können Sie zum nächsten Schritt übergehen ...

*A*ttention (Achtsamkeit)

🐾 **Achte ich aufmerksam** auf Zeichen, die darauf hinweisen, dass meine Katze genießt, was ich tue, oder sich dabei unwohl fühlt? (Siehe hierzu auch die im vorherigen Test beschriebenen Verhaltensweisen.)

Indem Sie das Verhalten und die Körpersprache Ihrer Katze beim Streicheln aufmerksam beobachten, wird aus Ihnen ein absoluter Streichelexperte! Schon bald werden Sie wissen, was Ihrer Fellnase gefällt und was nicht.

*T*ouch (Berührung)

🐾 Konzentriere ich mich auf die Stellen, an denen meine Katze **gerne berührt** wird?

🐾 Achte ich auch darauf, ob meine Katze **weiterhin gestreichelt** werden möchte oder nicht?

Die Stelle, die bei den meisten Katzen am »sichersten« zu berühren ist, ist Bereich 1 auf dem Katzendiagramm (siehe Seite 45), und hier besonders unter dem Kinn, an den Wangen und am Ohransatz. An diesen Stellen befinden sich besondere Hautdrüsen, die Ihre Katze dafür einsetzt, ihren Geruch auf Dinge zu übertragen, indem sie sich an ihnen reibt. Diese Bereiche sind daher wahrscheinlich weniger empfindlich als andere Körperteile der Katze (wie der Bauch), und viele zutrauliche Katzen mögen es sehr gerne, dort gestreichelt zu werden. Versuchen Sie grundsätzlich, die Bereiche 3 bis 6 bei Ihrer Katze zu meiden. Versuchen Sie, die Streicheleinheiten kurz zu halten. Probieren Sie hierfür die »Drei-Sekunden-Regel« aus: Legen Sie nach drei Sekunden eine Streichelpause ein und machen Sie dann nur weiter, wenn Ihre Katze Sie aktiv darum bittet (zum Beispiel, indem sie sich an Ihnen reibt).

Es muss nicht immer Streicheln sein: Ihre Katze findet vielleicht auch Gefallen an anderen Aktivitäten. Dazu zählen womöglich:

🐾 Interaktives Spiel mit einer Angel oder einem Federstab. Das ist eine wunderbare Möglichkeit, um Ihre Katze zu bespaßen und gleichzeitig dem Raubtier in ihr zu erlauben, etwas Dampf abzulassen (in sicherem Abstand zu Ihren Händen und Füßen!).

🐾 Ihre Katze einfach in Ihrer Nähe oder auf Ihrem Schoß sitzen lassen (ohne sie zu streicheln). Viele Katzen genießen es, ihren Menschen einfach körperlich nahe zu sein, ohne viel Geschmuse.

- 🐾 Ihr ein paar einfache Tricks beibringen (zum Beispiel, dass sie auf Zuruf kommt, »Sitz« macht oder »Pfote« gibt). Das klappt besonders gut bei selbstsicheren, futtermotivierten Katzen.

Sie haben meistens D oder E angekreuzt – was bedeutet das?

Ihre Katze zeigt Ihnen auf klassische Weise, dass sie mit dem ganzen Gestreichele nichts zu tun haben möchte. Warum das so ist, ist von Katze zu Katze unterschiedlich, doch das Wichtige ist, ihre Entscheidung zu respektieren und sie zu nichts zu drängen. Denken Sie daran, dass wir Menschen gesellige und auf Berührung und Zärtlichkeiten angewiesene Wesen sind. Das steht im starken Kontrast zu den nächsten Verwandten der Hauskatze, die im Grunde versuchen, soziales Miteinander um jeden Preis zu vermeiden.

TIPPS UND RATSCHLÄGE

Wenn Sie mit Ihrer Katze interagieren oder sie berühren wollen, sollten Sie auf jeden Fall den C.A.T.-Algorithmus anwenden (siehe Seite 56–58). Es ist gut möglich, dass Sie nicht mehr erreichen, als dass Ihr Tiger Sie kurz beschnüffelt oder sein Köpfchen an Ihnen reibt. Aber vielleicht ist es einfach besser (und liebevoller) zu akzeptieren, dass er sich einfach nicht gerne streicheln lässt und das wahrscheinlich ein Teil seines Charakters ist. Möglicherweise hatte Ihre Katze während ihrer sensiblen Phase (zweite bis siebte Lebenswoche) nicht genügend oder keinen besonders guten Umgang mit Menschen. Vielleicht hat auch die Tatsache, dass ihre Katze lange Zeit nicht ihren Vorlieben entsprechend behandelt wurde, dieses Verhalten ausgelöst, sodass sie solche Situationen jetzt von vornherein meidet. Wenn das der Fall ist, könnte eine strenge Anwendung des Algorithmus über einen längeren Zeitraum mehr bewirken, als Sie sich vielleicht vorstellen können.

Hat sich Ihre Katze immer gerne streicheln lassen und versucht erst seit Neuestem, Ihr Kuschelangebot auszuschlagen, könnte das ein Zeichen dafür sein, dass es ihr gesundheitlich nicht gut geht, dass sie gestresst ist oder Schmerzen hat. In diesem Fall ist ein Besuch beim Tierarzt immer empfehlenswert.

GUT ZU WISSEN

WARUM FINDEN WIR KATZEN SÜß?

Der bekannte österreichische Ethnologe Konrad Lorenz versuchte als einer der Ersten, das Konzept der »Niedlichkeit« zu verstehen, also warum wir Menschen uns zu Gesichtszügen hingezogen fühlen, die »kindlich« aussehen. Er nahm an, wir Menschen seien evolutionsbiologisch so »programmiert«, dass wir große Augen, einen großen, runden Kopf, eine kurze Nase und ein kaum hervorstehendes Kinn anziehend finden. Er ging davon aus, dass diese »kindlichen« Merkmale stärkere fürsorgliche Gefühle oder Beschützerinstinkte in uns hervorrufen, die uns wiederum dazu motivieren, uns um Babys, Kleinkinder und womöglich sogar Tiere zu kümmern. Er nannte dieses Konzept das »Kindchenschema«. Katzen (besonders Kätzchen) besitzen viele dieser anziehenden, babyähnlichen Gesichtszüge, und Studien legen nahe, dass ihre »süßen« Gesichtchen eine ähnliche Wirkung auf uns haben.

Das ist vielleicht einer der Gründe, warum manche Menschen Katzen mit ausgeprägten Babygesichtern besonders süß finden (zum Beispiel exotische Rassekatzen und moderne Perserkatzen, die sehr flache, runde Gesichter und große Augen haben). Diese Rassen sind in den letzten Jahrzehnten noch populärer geworden. Allerdings weisen neueste Forschungsergebnisse darauf hin, dass diese Katzen möglicherweise an einer Reihe gesundheitlicher Probleme leiden, insbesondere an Erkrankungen der Atemwege. Es ist also wichtig, dass unsere Vorliebe für süße Katzengesichter nicht auf Kosten der Gesundheit und des Wohlbefindens unserer Samtpfoten geht.

WARUM REIBEN SICH KATZEN AN UNS, UND WAS BEDEUTET ES?

Die wilde Verwandte der Hauskatze reibt sich mit bestimmten Teilen ihres Körpers an hervorstehenden Dingen in ihrer Umgebung. Das tut sie, um ihren Geruch zu verteilen. Dies gelingt ihr mit speziellen Hautdrüsen. Ihr Körpergeruch enthält chemische Stoffe und Pheromone, die von anderen Katzen erkannt werden und mit denen sie verschiedene Botschaften hinterlassen kann. Diese Botschaften können heißen: »Ich lebe hier«, »Ich war vor Kurzem hier«, »Das gehört mir« oder »Ich bin paarungswillig«. Ähnliche Strategien können wir auch bei unseren Hauskatzen beobachten: Sie reiben bestimmte Körperteile an Möbelstücken, an neuen Gegenständen im Haus, an der Verandatür, am Gartenzaun und, jawohl, sogar an uns. Unsere Katzen übermitteln damit wahrscheinlich die gleichen Informationen wie ihre Verwandten. Man geht davon aus, dass Katzen dieses Verhalten auch auf eine soziale Art anwenden: Indem sie ihren Körpergeruch mit unserem und/oder dem anderer Tiere im Haushalt mischen, erzeugen sie einen »Gemeinschaftsgeruch«. Sie reiben sich außerdem an uns, um uns dazu aufzufordern, ihnen Aufmerksamkeit zu schenken oder sie zu füttern. Wichtig ist, sich bewusst zu machen, dass dieses Verhalten nicht immer das Gleiche bedeutet und dass nicht jede Katze, die sich an uns reibt, hochgehoben oder gestreichelt werden will.

IST IHRE KATZE BEREIT FÜR EIN BABY IM HAUS?

Eine der größten Veränderungen im Leben Ihrer Katze ist womöglich die Geburt Ihres Babys. Obwohl sich viele Stubentiger über Familienzuwachs freuen, brauchen manche etwas Schützenhilfe, damit sie das kleine, kahlköpfige Wesen, das so viel schreit und seltsam riecht, willkommen heißen können. Denn für Ihre Katze ändert sich einiges. Eventuell ist ihr gewohnter Tagesablauf gestört, sie bekommt weniger Aufmerksamkeit als zuvor oder hat plötzlich keinen Zutritt mehr zu bestimmten Bereichen (wie dem Kinderzimmer). Und sie muss sich an neue Situationen, Geräusche und Gerüche gewöhnen.

Der Charakter einer Katze entscheidet hier darüber, wie gut sie mit dieser Situation umgeht. Für manche Katzen ist es vielleicht keine große Sache, und sie leben ihr Leben weiter wie bisher, andere wiederum verlieren die Nerven. Wie Sie mit Ihrer Katze und ihrer veränderten Lebenssituation in dieser Zeit umgehen, hat einen großen Einfluss darauf, ob sie das Baby gut aufnimmt. Es ist immer besser, einer stressigen Situation vorzubeugen, anstatt etwas in Ordnung bringen zu wollen, was schon schiefgelaufen ist.

Die folgenden Fragen können Ihnen dabei helfen einzuschätzen, wo sich Ihre Katze auf der »Baby-Wertschätzungsskala« ungefähr befindet. Außerdem finden Sie hier Tipps und Ratschläge, wie Sie die Lage bestmöglich meistern können.

Es sind Kleinkinder zu Besuch, die mit Ihrer Katze spielen wollen. Was macht Ihre Katze?

A. Sie ist bereit und hat Lust dazu, solange niemand an ihrem Schwanz zieht!

B. Sie lässt sich etwas streicheln, solange ein verantwortungsbewusster Erwachsener aufpasst.

C. Sie sitzt bereitwillig bei den Kindern, solange diese nur schauen und sie nicht anfassen.

D. Sie überlegt sich, wie sie die Kinder so schnell wie möglich aus dem Haus jagen kann.

E. Sie ist schon in ihrem Versteck, wo die Kinder sie niemals finden.

IST IHRE KATZE BEREIT FÜR EIN BABY IM HAUS?

Freunde kommen mit ihrem neuen Baby zu Besuch. Wo ist Ihre Katze?

A. Sie steckt den Kopf in den Kinderwagen, um das Baby als Erste zu begutachten.

B. Sie schnüffelt und reibt ihr kleines Fellgesicht an allen Gegenständen, die mit dem Baby zu tun haben.

C. Sie sitzt in der Nähe und beobachtet alles in Ruhe.

D. Sie sieht etwas nervös aus und hält sich bereit, um sich notfalls aus dem Staub zu machen.

E. Sie ist so weit weg von allem und jedem wie nur möglich.

Die Kinder von Freunden übernachten bei Ihnen. Bevor es ins Bett geht, toben sie sich noch einmal aus: Es kommt zu Wutanfällen, Spielzeuge werden umhergeworfen. Was macht Ihre Katze?

A. Sie versucht, die Kinder zu trösten, indem sie ihnen Köpfchen gibt.

B. Sie versucht zu helfen, indem sie so süß wie möglich aussieht, um sie abzulenken.

C. Sie schaut die lauten, wütenden Menschenkinder ruhig an, wahrt aber Abstand.

D. Sie ist etwas aufgebracht durch diesen Lärm und verzieht sich.

E. Sie ist schon längst in ihrem Versteck und kommt erst heraus, wenn die kleinen Teufel weg sind.

Sie geben eine Babyparty. Das Haus ist voller Menschen, Lärm und Geschenke. Was macht Ihre Katze?

A. Sie ist mittendrin, schnüffelt an allem und reibt ihr kleines Fellgesichtchen an den Geschenken – das ist alles für mich, oder?

B. Die Extraaufmerksamkeit genießt sie, ist aber auch froh, dass das eine einmalige Sache ist.

C. Der ganze Krach missfällt ihr, aber mit dem ganzen Geschenkpapier und den Schleifen lässt es sich aushalten.

D. Sie ist nirgends zu sehen, hofft aber, dass dabei zumindest ein neuer Karton für sie herausspringt.

E. Sie hofft, dass es bei dem einen Kind bleibt.

Sie schauen sich mit Ihrer Katze einen Film an. In einer Szene schreit ein Baby. Was macht Ihre Katze?

A. Es interessiert sie gar nicht, sie will nur mehr Popcorn zum Spielen.

B. Sie schaut kurz in Richtung Fernseher, schaltet dann aber wieder in den Schlummermodus.

C. Sie erstarrt, hebt den Kopf und dreht die Ohren leicht nach hinten – Ihr Filmgeschmack lässt zu wünschen übrig!

D. Sie flüchtet in einen anderen Raum, um ihre Ruhe zu haben.

E. Es ist schwer, sich gemeinsam einen Film anzuschauen, wenn die eigene Katze mit einem nicht im selben Zimmer sein möchte.

Sie haben viel damit zu tun, das Gästezimmer in ein Kinderzimmer zu verwandeln, und vernachlässigen Ihre Katze etwas. Wie reagiert sie?

A. Total cool – sie weiß, wie beschäftigt Sie sind, hofft aber auch, dass Sie irgendwann ein paar Kuscheleinheiten einbauen können.

B. Sie ist nicht allzu begeistert von diesem plötzlichen Mangel an Aufmerksamkeit, aber sie kann sich auch mit anderen Dingen beschäftigen, bis Sie wieder an sie denken.

C. Sie nimmt es Ihnen sehr übel – Katzen sollten an erster Stelle stehen, nicht Babys!

D. Sie scheint unter den schlimmstmöglichen Entzugserscheinungen zu leiden.

E. Total cool – sie verbringt sowieso nicht gerne Zeit mit Ihnen.

AUSWERTUNG DES KATZEN-PERSÖNLICHKEITSTESTS

Sie haben meistens A oder B angekreuzt – was bedeutet das?

Die Zeichen stehen gut! Ihre Katze ist wahrscheinlich der Typ, der die Ankunft eines neuen menschlichen Geschwisterchens sehr gut mitmacht. Möglicherweise freut sie sich darüber oder kann zumindest gut mit all den Veränderungen umgehen, die Ihr Baby mit sich bringt. Nichtsdestotrotz: Jede Situation ist anders, und es ist schwer vorauszusagen, wie Ihre Katze genau reagieren wird, wenn B-Day (Baby Day) schließlich da ist. Außerdem ist entscheidend, wie Sie Ihre Katze und Ihr Baby langfristig unter einen Hut bekommen. Für manche Katzen kann der Moment, in dem Ihr Wonneproppen mobil wird und nach allem greift, was er sieht, alles verändern. Denn dann wird Ihr Kind für Ihre Fellnase unberechenbarer und schwieriger zu meiden. Manche Katzen kommen besser damit klar, da sie sich mit der Tatsache abfinden, nicht mehr die einzigen süßen Kleinen im Haus zu sein.

Aus all diesen Gründen (und anderen) kann aus einem zuvor so harmonischen Haushalt die Hölle werden. Doch kein Grund zur Panik – mit ein paar einfachen Strategien schaffen Sie es, dass alle gesund und glücklich bleiben!

AUSWERTUNG

Es ist immer besser, übervorbereitet zu sein und mehr zu tun, als eigentlich nötig wäre, statt zu Hause eine gestresste Katze oder ein zerkratztes Kind zu haben. Auf den Seiten 74–77 finden Sie Tipps, wie Sie die Harmonie zwischen Katze und Baby aufrechterhalten.

Sie haben meistens C angekreuzt – was bedeutet das?

Für Ihre Katze wird vermutlich alles etwas schwieriger, wenn der oder die Kleine endlich da ist. Höchstwahrscheinlich wird sie Ihnen sehr dankbar sein, wenn Sie ihr in dieser Zeit zur Seite stehen. Diese Unterstützung ist auch in den Kleinkindjahren Ihres Nachwuchses noch sehr wichtig. Denn dann wird es das Spannendste für Ihr Kind sein, nach Katzenschwänzen zu greifen und daran zu ziehen. Je mehr Sie im Vorhinein vorbereiten, desto einfacher wird es für Ihre Katze, sich an die neue Situation zu gewöhnen. Und je mehr Mühe Sie sich im Umgang mit Katze und Kleinkind geben, umso wahrscheinlicher wird es, dass sie zu Freunden und nicht zu Feinden werden.

Sie haben meistens D oder E angekreuzt – was bedeutet das?

Ihre Katze wird all die Veränderungen und die Aufregung, die mit einem neuen Baby einhergehen, wahrscheinlich nicht gut verarbeiten. Womöglich fühlt sie sich plötzlich so, als würde ihr Leben komplett auf den Kopf gestellt. Vielleicht wird es für sie auch besonders schwer, ein lebhaftes, verspieltes Kleinkind zu ertragen. Indem Sie die folgenden Ratschläge beachten und die beschriebenen Techniken anwenden, tun Sie jedoch alles, was in Ihrer Macht steht, damit Ihre Katze sich wohlfühlt. Ganz wichtig ist, dass Sie dafür sorgen, dass Ihre Katze sich sicher fühlt und die Dinge für sie relativ vorhersehbar bleiben. Ist das der Fall, wird es für sie sehr viel einfacher sein, sich wohl und souverän zu fühlen. Sie wird es besonders zu schätzen wissen, wenn sie so unabhängig sein kann wie möglich – und zwar durch Plätze, an denen sie ungestört essen, schlafen, sich ausruhen und ihr Geschäft machen kann sowie (sobald das Baby mobil wird) durch einen Zugang zu den kinderfreien Bereichen im Haus.

Tipps und Ratschläge für alle Katzen

GUTE VORBEREITUNG IST ALLES

Am besten bereiten Sie die Situation vor, indem Sie zunächst über all die Dinge nachdenken, die sich wahrscheinlich für Ihre Katze ändern werden, sobald das Baby da ist. Anschließend sollten Sie Ihre Fellnase nach und nach schon einmal an all diese Dinge gewöhnen, um ihr eine möglichst sanfte Übergangsphase zu ermöglichen. Auf diese Weise wird das Einzige, woran sich Ihre Katze gewöhnen muss, wenn das Baby dann da ist, nur das Baby selbst sein.

AUSWERTUNG

Zu diesen Veränderungen gehören wahrscheinlich:

- die Person, die Ihre Katze füttert, sowie Futterplatz und Fütterungszeit,
- wie viel Aufmerksamkeit und Spielzeit Ihre Katze bekommt, wann und von wem,
- wo sich die Ressourcen Ihrer Katze befinden (zum Beispiel: Futter, Wasserschale, Katzenklo, Schlafplätze, Verstecke, Kratzbaum und Spielzeuge),
- Bereiche im Haus, zu denen Ihre Katze keinen Zutritt mehr hat.

So können Sie Ihrer Katze dabei helfen, sich anzupassen:

- Versuchen Sie, Ihre Katze im Vorhinein an die verschiedenen Schrei-, Kicher- und Quietschgeräusche zu gewöhnen, die Ihr Baby machen wird. Wenn sie entspannt ist und sich in Ihrer Nähe befindet, können Sie zum Beispiel Aufnahmen dieser Geräusche abspielen. Machen Sie das zu Beginn nur sehr leise. Wenn Ihr Vierbeiner sich damit wohlzufühlen scheint, können Sie die Lautstärke etwas erhöhen. Wichtig ist hier, ihm ein paar seiner Lieblingsleckerli zu geben, um ihn währenddessen abzulenken und gleichzeitig zu belohnen.
- Versuchen Sie, Ihre Katze nach und nach mit den verschiedenen Babyutensilien vertraut zu machen (Kinderbett, Spielzeuge, Kinderwagen und so weiter). So sind diese Dinge bei Ankunft des Babys schon normal geworden – oder sogar langweilig!

- Am besten stellen Sie jeden Gegenstand, den Sie neu in Ihr Zuhause bringen, in eine möglichst »neutrale« Umgebung (also nicht direkt neben die Ressourcen der Katze). Legen Sie ein paar Leckerli neben oder auf den neuen Gegenstand, und geben Sie Ihrer Katze die Gelegenheit, ihn eigenständig zu untersuchen.
- Babysachen, von denen Sie nicht möchten, dass Ihre Katze darauf sitzt oder darin schläft (wie das Kinderbettchen oder der Kinderwagen), sollten außer Reichweite Ihres Stubentigers stehen oder mit etwas bedeckt sein, damit er nicht so einfach daraufspringen kann.
- Wenn Sie Ihr Baby nach Hause bringen, lassen Sie Ihre Katze entscheiden, wann sie bereit ist, das Kind kennenzulernen. Davor ist es sinnvoll, Ihre Katze an einem kleinen Gegenstand schnüffeln zu lassen, an dem sich der Geruch Ihres Babys befindet, und ihr anschließend ein paar Leckerli zu geben.
- Für alle Parteien ist es am sichersten, Baby und Katze nicht unbeaufsichtigt im selben Raum zu lassen.
- Besonders am Anfang werden Sie vielleicht feststellen, dass Sie sehr viel weniger Zeit für Ihre Katze haben, als sie es gewohnt ist. Dieser Verlust an Aufmerksamkeit wird vor allem den besonders zutraulichen Schmusekatzen zusetzen (siehe Test auf den Seiten 15–40). Gehört Ihre Katze in diese Kategorie, sollten Sie auf jeden Fall jeden Tag etwas Zeit für sie reservieren, wenn möglich ungestört.
- Falls Sie keine Zeit haben sollten, stellen Sie sicher, dass sie viele andere Möglichkeiten hat, um sich zu beschäftigen (siehe Ideen auf Seite 177–180).

- 🐾 Wenn das Baby da ist, sollten Sie versuchen, alles so vorhersehbar wie möglich zu gestalten, und sich außerdem vergewissern, dass Ihre Katze viele ruhige und sichere Plätze hat, wohin sie sich zurückziehen kann, wenn es ihr zu viel wird. Mehr Ratschläge dazu finden Sie auf den Seiten 77–79.

WENN IHR KIND MOBIL WIRD

- 🐾 Idealerweise schaffen Sie Ihrer Katze viele Plätze, wo sie außer Reichweite Ihres Kindes schlafen, sich ausruhen und alle ausspionieren kann. Ein großer Katzenbaum und mit Katzendecken ausgelegte Regale oder Schränke eignen sich dafür gut. Je mehr solcher Plätze Sie an verschiedenen Orten im Haus schaffen, desto eher wird sich Ihre Katze fühlen, als hätte sie gerade ein Upgrade für ein schickes Hotel bekommen.
- 🐾 Babygitter sind auch eine gute Möglichkeit, um eine Barriere zwischen dem Entdeckungsdrang Ihres Kindes und dem Futter, der Wasserschale und dem Katzenklo Ihrer Katze zu schaffen. So kann Ihre Mieze nicht nur in Ruhe fressen und auf die Toilette gehen, sondern es schützt auch Ihr Kind davor, Sachen in den Mund zu nehmen, die da nicht hingehören.
- 🐾 Ist Platz eine Mangelware, können Sie Ihre Katze auch an erhöhten Plätzen füttern (wie auf einer Küchenarbeitsfläche oder einem Regal, das sie einfach erreichen kann).

KATZE-KIND-INTERAKTION

- ❖ Selbst die geduldigste und gutmütigste aller Katzen wird sich wahrscheinlich an lärmenden, unberechenbaren Kleinkindern stören, die hinter ihr herlaufen und nach ihrem Schwanz grabschen. Daher ist es sehr wichtig, dass Kinder von Anfang an lernen, wie sie gefahrlos und respektvoll mit ihren flauschigen Freunden interagieren.
- ❖ Je ruhiger, sanfter und vorsichtiger das Kind mit der Katze umgeht, desto wohler wird sich Ihr Vierbeiner fühlen und desto unwahrscheinlicher wird es, dass er beißt oder kratzt.
- ❖ Eine großartige Idee ist, Ihrem Kind zunächst mithilfe einer Plüschkatze beizubringen, wie man eine Mieze streichelt, bevor es an das lebende Objekt geht. Auf diese Weise wird Ihre Katze nicht darunter leiden, wenn Ihr Kind am Anfang etwas zu grob vorgeht. Nach einem erfolgreichen Probelauf kann Ihr Nachwuchs sich an der richtigen Katze probieren.
- ❖ Solange Ihre Katze sich grundsätzlich wohl damit fühlt, gestreichelt zu werden, ermutigen Sie Ihr Kind dazu, sich auf die Bereiche um Kinn, Wangen und vor den Ohren der Katze zu konzentrieren. Wenn es alt genug ist, können Sie ihm auch das für Ihre Katze geltende »Streichelprotokoll« (siehe Seite 41–63) näherbringen.
- ❖ Lässt sich Ihre Katze nicht gerne streicheln, können Sie Ihrem Kind auch beibringen, mit Leckerli zu werfen, denen der Stubentiger dann nachjagen kann, oder mit einem langen, angelähnlichen Spielzeug mit ihr zu spielen (allerdings NIE mit den Händen oder Füßen!). Es gibt tatsächlich viele Wege, wie

die beiden auch ohne exzessiven Körperkontakt Freunde sein können.
- 🐾 Sorgen Sie auch dafür, dass Ihr Kind die Katze nicht hochnimmt, außer sie scheint sich dabei wirklich wohlzufühlen. Die meisten Katzen schaudern jedoch bei dem Gedanken, urplötzlich von einem Kleinkind mit klebrigen Fingern gepackt und herumgetragen zu werden.

WIE KÖNNEN SIE ERKENNEN, OB IHRE KATZE GUT MIT DEM NEUEN MENSCHEN IN IHREM ZUHAUSE KLARKOMMT?

Dass Ihre Katze gut mit Ihrem Kleinkind oder Baby zurechtkommt, erkennen Sie an Folgendem:

- 🐾 Es gibt keine großen Veränderungen in ihrem täglichen Rhythmus oder ihrem Verhalten.
- 🐾 Ihre Katze frisst, trinkt, schläft, geht auf das Katzenklo und putzt sich wie gewohnt.
- 🐾 Ihre Katze wirkt zu Hause entspannt, auch in der Nähe Ihres Kindes.

WIE ERKENNEN SIE, OB IHRE KATZE GESTRESST IST?

Trotz aller Bemühungen um das Wohl unserer Felltiger kann es sein, dass manche Katzen trotzdem nicht gut mit der neuen Situation zurechtkommen. Falls Sie sich um Ihre Katze sorgen, machen Sie den Test auf den Seiten 178–214. So finden Sie heraus, wie gut es Ihrer Katze geht und auf welche Verhaltensweisen Sie achten müssen.

WAS KÖNNEN SIE ALS NÄCHSTES TUN?

Wenn Sie das Gefühl haben, dass Ihre Katze unglücklich ist, empfiehlt es sich, einen qualifizierten, auf Katzen spezialisierten Verhaltensberater aufzusuchen. In manchen Situationen ist es allerdings das Beste für Ihre Katze, wenn Sie ein ruhigeres und stabileres Zuhause für sie finden.

GUT ZU WISSEN

KOMMUNIZIEREN KATZEN AUF ÄHNLICHE WEISE WIE BABYS?

Im Jahr 2009 führten Dr. McComb und Kollegen eine faszinierende Studie durch, bei der sie das Schnurren von Katzen in unterschiedlichen Situationen mit Menschen untersucht haben. Sie fanden heraus, dass die Schnurrlaute der Katzen variieren – je nachdem, ob sie hungrig sind und gefüttert werden wollen oder entspannt und zufrieden sind. Außerdem haben die verschiedenen Schnurrlaute auch eine unterschiedliche Wirkung auf die Menschen, die sie hören: Das »hungrige« Schnurren klingt weniger angenehm und dringlicher als das »entspannte« Schnurren. Ebenso fand man heraus, dass im »hungrigen Schnurren« auch ein »Miau« mitklingt, das dem Schreien von Babys ähnelt. Der Studie zufolge sorgt dieser Schreiton dafür, dass das Schnurren eindringlicher ist. Die Wissenschaftler schlossen daraus, dass Katzen diese besonderen Schnurrlaute wahrscheinlich ausstoßen, damit wir uns um sie kümmern. Sie triggern also den gleichen Kümmerreflex, mit dem wir normalerweise auf das Schreien von Menschenkindern reagieren. Das heißt im Grunde, dass unsere Katzen uns durch dieses Schnurren auf subtile Art dazu verleiten, sie zu füttern!

TEIL 2:
DIE KATZENKATZE

In diesem Teil:

Freund oder Feind –
was für Beziehungen führen
Ihre Katzen?

Wie wohl fühlen sich
Ihre Katzen miteinander?

Kommt Ihre Katze mit einem
neuen Fellgenossen klar?

Da sie ihren unnahbaren, unabhängigen Artverwandten so ähnlich sind, kommen Hauskatzen nicht unbedingt als soziale Partylöwen auf die Welt. Wildkatzen verbringen ihr Leben als Einzelgänger und jagen vorrangig kleine, bissgroße Beute, die sich nicht wirklich zum Teilen eignet. Tatsächlich bleiben Wildkatzen meist für sich, damit sie sich nicht um dieselben mageren, kleinen Nagetiere streiten müssen. Katzen kommunizieren sehr viel über olfaktorische und visuelle Markierungen, denn auf diese Weise hinterlassen sie einander Botschaften, ohne körperlich anwesend zu sein. Dazu gehören: das Versprühen von Harn, das Reiben ihrer Duftdrüsen an Gegenständen, das Verkratzen von Dingen (wie Baumrinde) und das Hinterlassen von Kot an gut sichtbaren Plätzen (fachsprachlich auch »Middening« genannt). Mithilfe dieser Botschaften wissen andere Katzen, wer wo wann war, damit sich ihre Wege nicht unerwartet kreuzen. Das ist sehr nützlich, da Katzen anscheinend über wenig soziale Verhaltensstrategien verfügen, um schwierige Situationen zu entspannen – Prävention ist also meist der sicherste Weg. Eine Ausnahme machen die kleinen Tiger natürlich, wenn sie rollig sind: Dann wird sogar die Fährte aufgenommen, um ein kurzes Rendezvous herbeizuführen.

Im Allgemeinen sind Hauskatzen untereinander weniger distanziert als ihre wilde Verwandtschaft. In bestimmten Situationen verstehen sie sich sogar recht gut. Zum Beispiel ist es möglich, dass freilebende und streunende Hauskatzen in Gruppen (oder Kolonien) zusammenleben. Meist bestehen diese

Gruppen vorrangig aus miteinander verwandten Weibchen, die zusammen aufgewachsen sind. Womöglich tun sie sich auch zu »Katzenkitas« zusammen und kümmern sich gegenseitig um ihre Kleinen. Unsere Hauskatzen können ebenfalls zu besten Kumpels werden, die sich bei jeder Gelegenheit umschmusen. Studien zu freilebenden Katzen legen allerdings nahe, dass diese Gruppen nur dann gut funktionieren, wenn die meisten Tiere zusammen aufgewachsen oder verwandt sind und es keinen Mangel an Nahrung gibt. Wenn ein Außenseiter der Gruppe beitreten möchte, wird er vielleicht verjagt, und wenn die Nahrung knapp wird, entscheiden sich einzelne Katzen womöglich dazu, sich abzuspalten.

Die gleichen Regeln gelten auch bei unseren Stubentigern: Hier ist es genauso wichtig, zusammen aufgewachsen oder verwandt zu sein und genug zu fressen zu haben. Anders als bei ihren freilebenden Artgenossen können die Bedingungen, unter denen unsere Haustiere leben müssen, leider etwas mehr Druck auf sie ausüben. In einem Mehrkatzenhaushalt sind die Tiere nicht unbedingt miteinander aufgewachsen, und ihr Zugang zu Futter und anderen Ressourcen wird von uns reguliert. Außerdem ist ihr Revier meist vergleichsweise klein, und sie können es nicht einfach verlassen (besonders wenn sie keinen Freigang haben). Manche Katzen mögen diese Widrigkeiten vielleicht gut aushalten, doch andere könnten ziemlich darunter leiden, ihr Haus mit samtpfotigen Geschwistern (die womöglich nicht einmal echte Blutsverwandte sind) teilen zu müssen.

Wie gut Ihre Katze diese Situationen meistert, hängt davon ab, wie ihr individueller Charakter ist, wie sie sich mit den anderen Katzen des Hauses verträgt und wie gut wir ihre Umwelt gestalten. Was »zwischenkatzliche« Beziehungstypen angeht, haben Sie eventuell eine Mischung der verschiedenen Charaktere unter einem Dach: die »Liebenden«, die sich mit allen gut verstehen, die »Kämpfer«, die immer Probleme haben, und die »Einzelgänger«, die meist versuchen, für sich zu sein. Oft kommt es auch vor, dass Katzen zwar sehr gut mit bestimmten Fellkameraden auskommen oder sie zumindest tolerieren, doch gleichzeitig den Anblick anderer Katzen nicht ertragen. Diese Katzen bilden dann vielleicht ihre eigene kleine »Clique« und verbringen ihre Zeit lediglich mit ein paar auserwählten Artgenossen. In diesem Teil finden Sie praktische Tests, mit denen Sie bestimmen können, wo sich Ihre Katze auf dem Liebe-Hass-Spektrum in Bezug auf andere Katzen befindet. Außerdem erfahren Sie, was Sie tun können, wenn es mal nicht so gut läuft. Die Fragen wurden so konzipiert, dass zunächst ermittelt wird, welche Art von Beziehungen Ihre Katzen führen. Dann gehen wir etwas mehr ins Detail und finden heraus, was sie wirklich voneinander halten. Zusätzlich ist dieses Kapitel mit vielen Tipps und Ratschlägen gespickt, die Ihnen verraten, wie Sie das harmonische Miteinander in Ihrem Mehrkatzenhaushalt fördern können. Die Fragen sollten Sie mehrmals beantworten, also separat für jede Ihrer Katzen. Haben Sie nur zwei Katzen, müssen Sie den Test nur einmal machen. Falls Sie überlegen, sich eine weitere Katze ins Haus zu holen, könnte der Test am Ende des Kapitels Ihnen dabei helfen herauszufinden, ob Sie und Ihre Katze(n) bereit dafür ist/sind und, wenn ja, wie Sie sich für die richtige entscheiden.

FREUND ODER FEIND – WAS FÜR BEZIEHUNGEN FÜHREN IHRE KATZEN?

In diesem Teil sollten Sie jene zwei Katzen auswählen, die Sie besser verstehen möchten, und jede Frage für beide zusammen beantworten. Der anschließend ermittelte Durchschnittswert wird Ihnen mehr über die Beziehung dieser beiden Katzen und ihre Einstellung zueinander verraten.

Es ist Schlummerzeit.
Was machen Ihre Katzen?
(jeweils für ein Katzenpaar beantworten)

A. Sie bilden ein einziges, kuscheliges Fellknäuel, obwohl es noch tausend andere Schlafplätze gibt.

B. Sie schlafen nahe beieinander, gehen allerdings nicht auf Fellfühlung.

C. Sie schlafen in derselben Zimmerecke, aber voneinander abgewendet.

D. Sie schlafen so weit voneinander entfernt wie nur möglich.

E. Eine Katze schlief friedlich, bis sie kurzerhand von einer anderen vertrieben wurde.

Wie oft interagieren Ihre Katzen?
(jeweils für ein Katzenpaar beantworten)

A. Normalerweise sieht man täglich, wie gerne sie sich haben. (Sie reiben sich aneinander, putzen sich gegenseitig und haben Spielrituale.)

B. An manchen Tagen spielen sie vielleicht kurz zusammen und/oder putzen einander flüchtig.

C. Hin und wieder treffen sich ihre Blicke, oder sie beschnuppern sich flüchtig, nur um zu schauen, ob sie noch immer so riechen wie vorher.

D. Eine Katze versucht manchmal, mit der anderen zu interagieren, aber das bleibt meist einseitig.

E. Entweder sie raufen sich, fauchen sich an, liefern sich einen Anstarr-Wettbewerb, verjagen sich oder versuchen, sich aus dem Weg zu gehen.

Wie häufig befinden sich beide Katzen im selben Zimmer/Bereich des Hauses?
(jeweils für ein Katzenpaar beantworten)

A. Meistens, sie sind eigentlich so unzertrennlich wie siamesische Zwillinge!

B. Regelmäßig, aber sie genießen es auch, mal für sich zu sein.

C. Nur wenn sie beide das Gleiche wollen, also fressen, kuscheln oder ein warmes Plätzchen zum Ausruhen.

D. Fast nie. (Vielleicht läuft da so eine Clark-Kent-/Superman-Nummer?)

E. Wenn eine Katze die andere kommen sieht, macht sie sich meist blitzschnell aus dem Staub.

F. Oder: Oft, aber meist zanken sie sich dann.

Freundschaftliche Interaktionen: Haben Sie die folgenden Verhaltensweisen bereits bei Ihren Katzen beobachten können?

(Zutreffendes ankreuzen, mehrere Kreuze möglich)

○ Sie beschließen, Zeit zusammen zu verbringen oder Dinge miteinander zu teilen (zum Beispiel Futter, Schlafplätze, Sofas, warme Orte), obwohl es noch viele weitere Optionen gibt.

○ Sie wedeln mit der weißen Friedensfahne aus Fell: Beim Aufeinanderzugehen zeigen Ihre Schwänze gerade nach oben, manchmal sind sie auch am Ende leicht abgeknickt.

○ Die Schwanzumwicklung: Die Katzen stehen nebeneinander und ihre Schwänze verflechten sich wie zwei sich paarende Schlangen.

○ Ihre Nasen berühren sich. (Das ist eine Art Katzenhandschlag.)

○ Sie betreiben soziale Fellpflege (fachsprachlich »Allogrooming« genannt), d. h. sie putzen sich gegenseitig, entweder gleichzeitig oder abwechselnd.

○ Sie reiben sich aneinander, entweder gleichzeitig oder abwechselnd (fachsprachlich auch »Allorubbing« genannt).

○ Sie spielen zusammen: inklusive Anpirschen, Jagen, Anspringen und grobem Raufen. Es sollte allerdings beiden Spaß machen, also ohne Fauchen, Knurren oder Anspannung.

- Wenn sie schlafen, bilden sie ein einziges Fellknäuel oder berühren sich zumindest leicht.
- Sie turteln schnurrend oder schnalzend miteinander.

Wie häufig sehen Sie diese Verhaltensweisen?
(jeweils für ein Katzenpaar beantworten)

A. Fast immer, unser Haus ist ein reines Katzen-Liebesnest.

B. Recht häufig, wenn beide in der Stimmung sind.

C. Eine Katze möchte gerne interagieren, doch das wird meist von der anderen nicht erwidert oder nur toleriert.

D. Ich sehe sie kaum im selben Raum zusammen.

E. Nie, sie sind beide zu sehr damit beschäftigt, sich zu hassen.

Wenn Ihre Katzen ihre Beziehung mit drei Wörtern beschreiben müssten, welche wären es?

(für jede Katze einzeln beantworten)

A. Lustig, wohltuend, beruhigend.

B. Unterhaltsam, freundschaftlich, angenehm.

C. Aushaltbar, befriedigend, mittelmäßig.

D. Nervig, anstrengend, problematisch.

E. Schrecklich, beängstigend, grausig.

AUSWERTUNG DES KATZEN-PERSÖNLICHKEITSTESTS

Sie haben meistens A oder B angekreuzt – was bedeutet das?

IHRE KATZEN SIND WAHRSCHEINLICH GUTE FREUNDE

Gut möglich, dass Ihre Katzen sich als Teil derselben Katzenfamilie betrachten. Sie haben eine grundsätzlich freundschaftliche Beziehung zueinander und profitieren von der Gesellschaft der jeweils anderen.

Doch obwohl es so scheint, als seien Ihre Katzen beste Freunde, darf man eines nicht vergessen: Auch beste Freunde zerstreiten sich mitunter. Sind beide Katzen noch recht jung, werden sich ihre Persönlichkeiten möglicherweise noch wandeln, besonders nachdem sie ihre sexuelle oder soziale Reife erlangt haben. Es passiert recht häufig, dass zwei Katzen, die im Kätzchenalter gut miteinander auskamen, sich auf natürliche Weise auseinanderleben und mit zunehmendem Alter unnahbarer werden und die andere kaum noch aushalten. Außerdem können Katzen ein sehr subtiles Mobbing betreiben, was für uns wiederum sehr viel schwieriger wahrzunehmen ist als das laute Geschrei, Jagen und Raufen. Halten Sie also auch nach diesen subtilen Verhaltensweisen Ausschau, um sicherzustellen, dass in

Ihrem Mehrkatzenhaushalt alles harmonisch bleibt. Eine subtile Spannung zwischen Katzen erkennen Sie zum Beispiel an diesen Zeichen:

- Eine Katze versucht ständig, mit der anderen zu spielen, wird aber abgewiesen.
- Eine Katze putzt die andere oft, es bleibt aber einseitig.
- Eine Katze starrt die andere an (auch von der anderen Seite des Raumes).
- Eine Katze geht direkt auf die andere zu (die sich etwas unwohl zu fühlen scheint, einen Buckel macht oder weggeht).
- Eine Katze liegt vor einer wichtigen Ressource, wie der Katzenklappe oder dem Fressnapf, macht sich im Flur breit oder springt genau dann auf Ihren Schoß, wenn die andere Katze auch dazu ansetzt.

Beantworten Sie die Fragen im nächsten Teil, um herauszufinden, wie wohl sich Ihre Katzen miteinander fühlen.

Sie haben meistens C angekreuzt – was bedeutet das?

IHRE KATZEN SIND EHER BEKANNTE ALS FREUNDE

Ihre Katzen verhalten sich eher wie Kollegen oder Bekannte, nicht wie Freunde oder nahe Verwandte. Womöglich haben sie vereinbart, sich gegenseitig zu tolerieren, aber es ist eher unwahrscheinlich, dass sie die Gesellschaft des anderen tatsächlich genießen. Wenn sie nahe beieinander sind, dann meist nur deswegen, weil sie ein gemeinsames Ziel verfolgen (zum Beispiel sind beide hungrig oder wollen Ihre Aufmerksamkeit), und nicht, weil sie wirklich etwas zusammen machen wollen. Obwohl es keine offensichtlichen Zeichen von Spannungen zwischen ihnen gibt und sie relativ friedlich zu koexistieren scheinen, finden sie das Zusammenleben vermutlich nicht besonders angenehm. Ihre Beziehung basiert wahrscheinlich auf den Prinzipien von Toleranz und Konfliktvermeidung – das wahrt den Hausfrieden. Achten Sie deshalb unbedingt darauf, dass Ihnen die subtilen Anzeichen eines möglichen Konflikts zwischen den beiden nicht entgehen.

Unterschwellige Spannungen zwischen Katzen erkennen Sie zum Beispiel an diesen Verhaltensweisen:

- 🐾 Eine Katze versucht ständig, mit der anderen zu spielen, wird allerdings abgewiesen.
- 🐾 Eine Katze putzt die andere oft, es bleibt aber einseitig.
- 🐾 Eine Katze starrt die andere an (auch von der anderen Seite des Raumes).

- 😺 Eine Katze geht direkt auf die andere zu (die sich etwas unwohl zu fühlen scheint, einen Buckel macht oder weggeht).
- 😺 Eine Katze liegt vor einer wichtigen Ressource (wie der Katzenklappe oder dem Fressnapf), macht sich im Flur breit oder springt genau dann auf Ihren Schoß, wenn die andere auch dazu ansetzt.

Beantworten Sie die Fragen im nächsten Teil, um herauszufinden, wie wohl sich Ihre Katzen miteinander fühlen. Sie möchten mehr über die Gründe für diese leicht frostige Beziehung zwischen ihnen herausfinden? Dann werfen Sie einen Blick auf die Tipps und Harmoniestrategien ab Seite 112.

Sie haben meistens D oder E angekreuzt – was bedeutet das?
IHRE KATZEN SIND WOMÖGLICH FEINDE

Eine Ihrer Katzen (oder beide) betrachtet die andere als Feind und ist eindeutig wenig begeistert über ihre aktuellen Wohnverhältnisse. Es gibt kaum etwas Schlimmeres, als einen Mitbewohner zu haben, den man nicht ausstehen kann, und es ist unwahrscheinlich, dass sie das unter sich regeln werden. Die Beziehung zwischen Ihren Katzen ist außerdem eine Gefahr für ihr Wohlbefinden. (Das gilt besonders für jene, bei denen Sie im nächsten Test vor allem D und E ankreuzen.) Daher ist es äußerst wichtig, dass Sie sie unterstützen und die Lage etwas entschärfen. Tipps und Ratschläge dazu, wie Sie das Wohlbefinden Ihrer Katze besser einschätzen können, finden Sie auf den Seiten 206–214. Mithilfe der folgenden Fragen können Sie mehr darüber erfahren, wie wohl sich Ihre Katzen miteinander fühlen, was möglicherweise hinter einem Konflikte steckt und welche Strategien die Situation für sie so erträglich wie möglich machen.

WIE WOHL FÜHLEN SICH IHRE KATZEN MITEINANDER?

Jede Beziehung hat ihre Höhen und Tiefen. Das gilt vor allem dann, wenn einer den anderen mehr oder weniger mag. Die einen geben mehr, andere wiederum nehmen mehr, und manchmal wird Liebe (bedauerlicherweise) nicht erwidert. Mithilfe des folgenden Tests finden Sie heraus, was genau jede Ihrer Katzen für die andere empfindet und wie wohl sie sich miteinander fühlen. Beantworten Sie die Fragen für jede Katze einzeln.

Falls Ihre Katzen nicht gemeinsam zu Ihnen kamen: Welche Reaktionen konnten Sie beobachten, als sie sich zum ersten Mal sahen?

A. Ihre Schwänze zeigten kerzengerade nach oben, es wurde viel geschnuppert (vorne und/oder hinten), Nasen berührten sich, vielleicht wurde sogar keck Köpfchen gegeben oder die andere Katze vorsichtig geleckt.

B. Schwänze zeigten nach oben, es wurde vorsichtig geschnuppert, dann ging es zum gewohnten Tagesablauf.

C. Sie kauerten ein bisschen in der Ecke und sahen angespannt aus, vermieden Augenkontakt und taten so, als gäbe es Spannenderes.

D. Sie kauerten die meiste Zeit in der Ecke und lieferten sich einen angespannten Anstarr-Wettbewerb, hin und wieder haben sie vielleicht auch gefaucht, Pfotenhiebe ausgeteilt, sich leise weggeschlichen oder sind weggerannt.

E. Es kam zur großen Konfrontation: Gejaule, Gejammere, Geknurre, Gefauche, möglicherweise gefolgt von Pfotenhieben und einer Verfolgungsjagd durch das Haus.

Anzeichen von Kummer oder Unwohlsein: Wenn Ihre Katzen in unmittelbarer Nähe der jeweils anderen sind, verhält sich dann eine von ihnen folgendermaßen?

(Zutreffendes ankreuzen, mehrere Kreuze möglich)

- ◯ Sie »klopft« oder »schlägt« mit ihrem Schwanz wie eine wütende Schlange und bleibt dabei nahe am Boden.
- ◯ Sie blinzelt, dreht ihren Kopf zu Seite, schüttelt ihren Kopf oder Körper oder leckt sich an der Nase: ein Versuch, ihr Gehirn neu zu programmieren.
- ◯ Sie beschließt urplötzlich, dass sie sehr dreckig ist, und stürzt sich in eine kurze, hektische Putzsession.
- ◯ Ihr Fell zuckt und rollt sich, als wäre sie von unsichtbaren Feinden geplagt.
- ◯ Sie bewegt sich plötzlich kaum noch und versucht, so gut wie möglich, eine Statue zu imitieren.
- ◯ Sie nimmt eine steife und kauernde Haltung ein, alle Gliedmaßen sind an ihren Körper gepresst, ihr Kopf ist eingezogen und der Hals verschwunden.
- ◯ Alle vier Pfoten haben feste Bodenhaftung, damit sie jeden Moment davonspringen kann.
- ◯ Ihre Ohren klappen zur Seite oder sind so flach angelegt, dass man sie kaum noch sehen kann.
- ◯ Sie blinzelt übertrieben oft, darauf folgt vielleicht ein Schlecken über die Nase oder ein sichtbares Schlucken.

Wie häufig sehen Sie diese Verhaltensweisen?
(Für jede Katze einzeln beantworten)

A. Nie, sie ist normalerweise sehr ruhig und in Gegenwart der anderen Katze entspannt.

B. Sehr selten, und das hat wahrscheinlich mehr mit anderen Dingen zu tun, die im Haus los sind.

C. Manchmal, vor allem wenn beide Katzen (egal, wie lange) zusammen sind.

D. Eigentlich ständig.

E. Häufig, besonders wenn eine Katze sich der anderen nähert.

Anzeichen von Entspanntheit und Wohlbefinden: Wenn Ihre Katzen in unmittelbarer Nähe der jeweils anderen sind, verhält sich dann eine von ihnen folgendermaßen?

(Zutreffendes ankreuzen, mehrere Kreuze möglich)

○ Sie nimmt eine entspannte Haltung ein oder liegt auf der Seite, es gibt keine Anzeichen von körperlicher Anspannung.
○ Sie streckt ihren hochheiligen Bauchbereich nach oben (ohne dabei Pfotenhiebe auszuteilen).
○ Sie schläft tief und friedlich.
○ Ihr Gesichtsausdruck ist entspannt, ihre Ohren sind aufgestellt und zeigen nach vorne.
○ Ihre Augen sind halb geschlossen, als würde sie gerade ein schönes Musikstück genießen.

WIE HÄUFIG SEHEN SIE DIESE VERHALTENSWEISEN?

A. Fast immer, meine Katze scheint in Gegenwart der anderen sehr entspannt zu sein.

B. Recht häufig.

C. Hin und wieder, aber nur, weil sie die andere Katze komplett ignoriert.

D. Nie.

E. Hin und wieder, wenn sie nicht gerade verängstigt ist.

Ausweichende Verhaltensweisen:
Wenn Ihre Katzen in unmittelbarer Nähe der jeweils anderen sind, verhält sich dann eine von ihnen folgendermaßen?

(Zutreffendes ankreuzen, mehrere Kreuze möglich)

- ◯ Sie tut so, als existiere die andere Katze nicht.
- ◯ Sie hält Abstand, als wäre sie allergisch gegen die andere Katze.
- ◯ Sie vermeidet direkten Augenkontakt oder dreht sich weg.
- ◯ Sie hat womöglich alles genau getimt: Sie isst, trinkt, benutzt das Katzenklo, schläft, geht nach draußen oder schmust mit Ihnen genau dann, wenn die andere Katze nicht da ist.
- ◯ Sie hat ihr eigenes Revier: Es wirkt so, als hätten sie eine imaginäre Kreidelinie durch das Haus gezogen und jede würde auf ihrer Seite bleiben.

WIE HÄUFIG SEHEN SIE DIESE VERHALTENSWEISEN?

A. Nie.

B. Hin und wieder, aber nur, wenn sie etwas Zeit für sich braucht.

C. Regelmäßig.

D. Meistens.

E. Sie meidet die andere Katze immer, es sei denn, sie zettelt gerade einen Kampf oder eine Verfolgungsjagd an.

Feindliche Verhaltensweisen: Wenn Ihre Katzen in unmittelbarer Nähe der jeweils anderen sind, verhält sich dann eine von ihnen folgendermaßen?

(Zutreffendes ankreuzen, mehrere Kreuze möglich)

- ○ Sie starrt die andere Katze direkt an, entweder von Nahem oder von Weitem – die Erste, die blinzelt, hat verloren.
- ○ Sie dreht sich seitlich zur anderen Katze, macht einen Buckel, stellt ihre Schwanzhaare auf und imitiert bestmöglich eine Halloween-Katze.
- ○ Es kommt zu einem »Mexican Standoff«: Beide Katzen tauschen tödliche Blicke aus, eventuell schreien sie sich auch an.
- ○ Eine Katze richtet sich fast schon drohend vor der anderen auf, die andere duckt sich vielleicht angespannt oder liegt abwehrend auf der Seite, ihre Tatzen hält sie zum Austeilen bereit.
- ○ Sie pirscht sich an die andere Katze heran (aber mehr im Sinne von »Ich will dich jagen und töten« als von »Ich will mir dir spielen«).
- ○ Sie jagt die andere (die meist mitmacht, indem sie abhaut, und zwar schnellstmöglich).
- ○ Sie »verdrängt« die andere, indem sie sie dazu zwingt, beiseitezugehen.
- ○ Sie »blockiert« den Zugang zu einer Katzenressource, wie der Katzenklappe, dem gemütlichen Platz auf dem

Sofa, dem Futternapf oder sogar zu Ihnen, indem sie sich in den Weg stellt oder legt.
- ○ Sie putzt die andere Katze energisch (die das ganz offensichtlich nicht genießt und auch nicht erwidert).
- ○ Sie knurrt, jammert, jault oder faucht.
- ○ Sie geht zum Angriff über, einschließlich Hiebe mit den Vorderpfoten, Anspringen und Zupacken, Beißen und »harkende« Tritte mit den Hinterbeinen. All das passiert wahrscheinlich mit mehr Kraft als beim Spiel und kann mit den oben genannten Lauten verbunden sein.

WIE HÄUFIG SEHEN SIE DIESE VERHALTENSWEISEN?

A. Nie, diese Katze ist ein echter Pazifist.

B. Sehr selten, aber dann war es wahrscheinlich die Folge eines leicht außer Kontrolle geratenen »Spielkampfes«.

C. Vielleicht ein- oder zweimal, aber nur, wenn es zu Hause insgesamt schwierg war.

D. Häufig, aber diese Katze ist normalerweise eher das Opfer als der Anstifter (also diejenige, die gejagt, angegriffen oder ausgebremst wird).

E. Häufig, und diese Katze ist meist der Anstifter.

AUSWERTUNG DES KATZEN-PERSÖNLICHKEITSTESTS

Sie haben meistens A oder B angekreuzt – was bedeutet das?
IHRE KATZE FÜHLT SICH WAHRSCHEINLICH RECHT WOHL

Ihr Stubentiger scheint recht entspannt zu sein und die Gesellschaft seines Artgenossen zu genießen. Das heißt zwar nicht unbedingt, dass sie beste Freunde sind, doch die Absichten Ihrer Katze sind meist freundschaftlich, und sie ist höchstwahrscheinlich zu friedlich und respektvoll, um viel Drama zu machen.

Sie haben meistens C angekreuzt – was bedeutet das?
IHRE KATZE FÜHLT SICH WAHRSCHEINLICH ETWAS UNWOHL

In Gegenwart der anderen Katze fühlt sich Ihre Katze womöglich etwas unwohl und empfindet diese Beziehung eventuell als angespannt oder unangenehm. Sehr wahrscheinlich ist sie aber recht tolerant und will eigentlich nur ein lockeres, möglichst konfliktarmes Leben haben.

Sie haben meistens D angekreuzt – was bedeutet das?

IHRE KATZE FÜHLT SICH WAHRSCHEINLICH SEHR UNWOHL

Ihre Katze macht möglicherweise eine schwere Zeit durch. Wenn es zum Konflikt kommt, ist sie meist das Opfer und nicht der Anstifter. Eventuell leidet ihre Gesundheit unter all diesen Konflikten, bei denen sie meist den Kürzeren zieht. Diese Katze braucht Ihre Hilfe, damit sie sich in Ihrem Mehrkatzenhaushalt sicher und unterstützt fühlt. Sollte sich die Situation nicht verbessern, wird es letztendlich das Beste für sie sein, in ein ruhigeres Umfeld umzuziehen, in der nicht auf ihr herumgehackt wird.

Sie haben meistens E angekreuzt – was bedeutet das?

IHRE KATZE IST WAHRSCHEINLICH AUF KRAWALL GEBÜRSTET

Womöglich sind Sie sich bereits im Klaren darüber, dass Ihre Katze eine Tendenz zum Mobbing hat. Die meisten Konflikte zwischen diesem Katzenpaar wurden von ihr ausgelöst. Ihr Verhalten ist größtenteils auf ihren Charakter zurückzuführen, allerdings spielt die körperliche und psychische Gesundheit der Katze hier auch eine Rolle.

Genau wie Menschen, die zum Mobben neigen, sind auch solche Katzen nicht unbedingt glücklich. Daher ist es wichtig, sich auch Gedanken über ihr Wohlbefinden zu machen und sie nicht für ihr Verhalten zu bestrafen. Denn im Grunde verhalten sie sich nur, wie ihre wilden Verwandten es in solchen Situationen tun würden! Das Verhalten dieser Katze deutet jedoch darauf hin, dass sie eindeutig ein Problem damit hat, ihr Revier mit anderen Katzen zu teilen. Daher wird sie diese vermutlich ziemlich beeinträchtigen. Vielleicht sind diese »E«-Katzen letzten Endes in einem Einkatzenhaushalt am besten aufgehoben.

Tipps und Ratschläge für alle Katzen

WARUM SICH IHRE KATZEN NICHT VERSTEHEN

Es kann sehr nützlich sein, die möglichen Gründe zu kennen, warum zwei Katzen sich nicht sonderlich mögen. Denn dieses Wissen hilft Ihnen dabei, mehr Harmonie in Ihren Mehrkatzenhaushalt zu bringen. Hier folgen nun die häufigsten Erklärungen für Konflikte:

- 🐾 **Ihre Vorfahren:** Da Hauskatzen noch immer eng mit ihren einzelgängerischen, revierfixierten Vorfahren verwandt sind, sind ihre Gehirne womöglich noch darauf programmiert, die meisten Katzen als Feinde anstatt als Freunde zu betrachten.
- 🐾 **Ihre früheren Erfahrungen:** Wenn eine Katze im Kätzchenalter mit anderen Katzen sozialisiert wurde und im Anschluss weiterhin gute Erfahrungen mit Artgenossen gemacht hat, ist es wahrscheinlicher, dass sie als erwachsenes Tier gut mit anderen Stubentigern klarkommt. Wenn sie allerdings direkt als Kätzchen in einen Einkatzenhaushalt gekommen

ist, könnte es später sehr schwierig für sie sein, plötzlich mit einer weiteren Katze leben zu müssen. Falls Ihre Katze bisher nur schlechte Erfahrungen mit Artgenossen gemacht hat, ist es ebenfalls eher unwahrscheinlich, dass sie eine neue Katze anstandslos akzeptiert.

- **Ihr Charakter:** Ganz wie bei uns Menschen können die Charaktere von Katzen zu gegensätzlich sein, um sich zu mögen. Zwei aktive, forsche und selbstsichere Katzen kriegen sich vermutlich eher ins Fell als zwei schüchterne, ruhige oder insgesamt entspanntere Katzen. Haben zwei Katzen sehr ähnliche Vorlieben oder Abneigungen, kann auch das zu mehr Spannungen und Konkurrenz zwischen ihnen führen, denn womöglich wollen sie dieselben Sachen gleichzeitig benutzen und nicht unbedingt teilen.
- **Ihr Stammbaum:** Der Charakter einer Katze wird auch durch den ihrer Eltern beeinflusst. Waren ihre Eltern grundsätzlich feindselig und abweisend gegenüber anderen Katzen, erhöht das die Chancen für ähnliche Tendenzen bei Ihrer Katze.
- **Der Altersunterschied:** Kätzchen sind normalerweise toleranter gegenüber anderen Katzen, das ändert sich jedoch mit zunehmendem Alter (vielleicht wie bei Menschen?!). Studien haben gezeigt, dass es für ältere Katzen meist eine größere Herausforderung ist, ihr Zuhause mit Artgenossen zu teilen. Kätzchen werden womöglich auch schneller von erwachsenen Katzen akzeptiert, obwohl Jungspunde meist aktiver und frecher sind, durch das Haus flitzen und sich gerne raufen. Das könnte für Ihre großelterlichen Katzen, die ein ruhiges, störungsfreies Leben genießen wollen, recht anstrengend sein.

- **Ihre psychische Gesundheit:** Wenn Katzen in einer stressigen Umgebung leben, in der sie sich oft unsicher fühlen oder ängstlich und nervös sind, kann es problematisch für sie sein, ihr Leben mit anderen flauschigen Wesen zu teilen. In schweren Zeiten suchen Katzen nur selten Unterstützung bei ihren Artgenossen, meistens machen sie tatsächlich genau das Gegenteil: Sie vermeiden soziale Interaktion und konzentrieren sich auf ihre eigene Sicherheit.
- **Ihre körperliche Gesundheit:** Wenn eine Ihrer Katzen gesundheitlich nicht auf der Höhe ist oder Schmerzen hat, will sie vermutlich Interaktionen mit anderen Katzen vermeiden, da sie dafür nicht in der Stimmung ist oder sie zusätzliche Schmerzen befürchtet.
- **Ihre Hormone:** Ist eine Ihrer Katzen nicht kastriert, werden wahrscheinlich mehr Sexual- und Stresshormone in ihrem kleinen Körper ausgeschüttet. Das kann zur Folge haben, dass sie mehr Stress und Anspannung in einem Mehrkatzenhaushalt erlebt als eine kastrierte Katze, was wiederum zu mehr Konflikten und Revierstreitigkeiten zwischen den Katzen führt.
- **Ihre Umgebung:** Konflikte und Konkurrenzverhalten kommen häufiger vor, wenn mehrere Katzen gezwungen sind, eng aufeinander zu leben oder dieselben Ressourcen zu teilen. Die meisten Katzen wollen Tätigkeiten wie fressen, trinken und aufs Klo gehen vorzugsweise allein und ungestört verrichten. Das Letzte, was sie dabei wollen, ist ein kleines Publikum. Und wenn Ihre Katzen sich gar nicht ausstehen können, würden sie am liebsten ALLEN ihren täglichen Aktivitäten fern voneinander nachgehen.

🐾 **Aktuelle soziale Katzendynamiken:** Jede Katze verändert die Dynamik in einem Mehrkatzenhaushalt auf ihre eigene Weise. Allerdings haben Katzen mit einem »starken Charakter« einen größeren Einfluss auf die allgemeine Stimmung als ruhige oder schüchterne Miezen. Ein großer, entspannter und selbstsicherer Softie hält Ihre kleine Katzengang vielleicht zusammen, wohingegen eine wagemutige, freche und mobbende Katze für viel Drama sorgen kann, auch unter Katzen, die sich sonst gut verstehen. Die Dynamik zwischen Katzen verändert sich auch oft, wenn eine Katze plötzlich nicht mehr da ist – dann meist zum Besseren, wenn die abwesende Katze diejenige war, die immer Ärger angezettelt hat.

WIE SIE DAS HARMONISCHE MITEINANDER IN IHREM MEHRKATZENHAUSHALT FÖRDERN

Zunächst ist es essenziell, dass Sie Ihre Katzen unter keinen Umständen für ihr Verhalten maßregeln – keine Katze ist einfach nur so gemein, und es ist viel besser, Mitgefühl vor Bestrafung den Vorzug zu geben. Außerdem lässt Anschreien oder physisches Eingreifen bei Ihren Katzen den Angstpegel wahrscheinlich eher ansteigen als absinken, es bewirkt also das Gegenteil von dem, was Sie eigentlich wollen.

Sollten Ihre Katzen zu streiten anfangen, ist es die beste Strategie, zunächst etwas in das Sichtfeld der beiden zu stellen (zum Beispiel einen großen Karton), damit sie sich nicht mehr sehen, und sie anschließend räumlich voneinander zu trennen. Wenn sie bereits kämpfen, versuchen Sie, ein Handtuch über eine oder beide zu legen. Das sorgt für einen kurzen Waffenstillstand, der es zumindest einer der Katzen ermöglicht, sich aus dem Staub zu machen (eventuell können Sie auch eine der Katzen im Handtuch hochnehmen und sie wegtragen).

Um herauszufinden, welche »Harmoniestrategie« sich für Ihre Katzen am besten eignet, machen Sie sich zunächst ein Bild davon, welche Dynamik in Ihrer Mehrkatzengruppe herrscht (das ist besonders nützlich, wenn Sie mehr als zwei Katzen haben):

- Ihre Antworten aus dem ersten Teil des Kapitels können Ihnen dabei helfen herauszufinden, welche Art von Beziehung zwischen den einzelnen Katzen herrscht: Hat eine der Katzen vorrangig »Freunde« oder »Bekannte« und die andere vor allem »Feinde«?
- Mithilfe Ihrer Antworten aus dem zweiten Teil können Sie herausfinden, wie wohl sich Ihre Katzen normalerweise miteinander fühlen. Wenn es Streit gibt, ist die eine Katze dann meist der Störenfried und die andere das Opfer? Gibt es eine bestimmte Katze, die sich in Gegenwart fast aller anderen besonders unwohl fühlt?
- Es kann sehr hilfreich sein, das »soziale Netzwerk« Ihrer Katzen grafisch darzustellen (wie auf der nächsten Seite abgebildet). So bekommen Sie einen besseren Überblick über das, was in Ihrer flauschigen Truppe so los ist. Außerdem können Sie so vielleicht besser erkennen, ob sich unter Ihren Felltigern »Liebende«, »Kämpfer«, »Einzelgänger« oder solche befinden, die ihre eigene Clique gebildet haben.

AUSWERTUNG

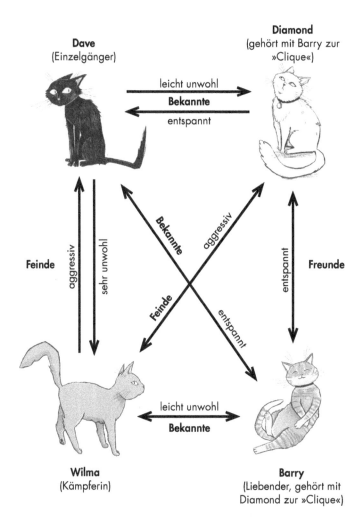

Barry

In diesem Szenario ist Barry ein »Liebender«. Er ist mit Diamond befreundet und betrachtet Dave und Wilma beide als »gute Bekannte«. Er hat entspannte Beziehungen zu den anderen Katzen, außer zu Wilma (die ein schwieriger Typ sein kann). Er verbringt die meiste Zeit mit Diamond, mit dem er eine Zwei-Katzen-Clique gebildet hat.

Diamond

Diamond ist mit Barry befreundet und mit Dave »gut bekannt«, zu beiden Katzen pflegt er eine entspannte Beziehung. Wilma kann er nicht leiden, er betrachtet sie als seine »Feindin«, und hin und wieder suchen sie aktiv Streit.

Dave

Dave ist ein »Einzelgänger«. Er ist ein »guter Bekannter« von Diamond und Barry. Er fühlt sich in der Nähe von Barry am wohlsten, mit Diamond schon weniger und allen anderen Katzen geht er aus dem Weg. Von Wilma wird er gemobbt, er betrachtet sie als seine »Feindin« und fühlt sich in ihrer Gegenwart sehr unwohl.

Wilma

Wilma ist eine »Kämpferin«, da sie sowohl Dave als auch Diamond gegen sich aufbringt, die ihre »Feinde« sind. Sie und Barry sind »Bekannte«, aber sie fühlt sich leicht unwohl in seiner Gegenwart und versucht im Allgemeinen, ihn zu meiden.

Wenn Sie eine Mischung aus »Kämpfern«, »Einzelgängern« und »Cliquengängern« haben und der Platz es zulässt, haben die Katzen Ihr Haus wahrscheinlich in verschiedene Reviere aufgeteilt, hauptsächlich damit sie sich aus dem Weg gehen können. Versuchen Sie herauszufinden, wo jede Katze am meisten Zeit verbringt und wer dieses Revier mit ihnen teilt. Eine einfache Skizze des Hauses (siehe unten) zu zeichnen, kann dabei hilfreich sein.

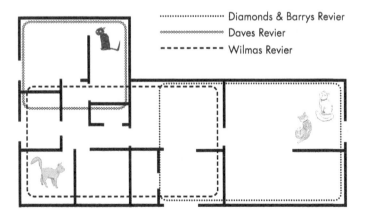

- Ihre Katzen sollten idealerweise kastriert sein. Vergewissern Sie sich auch, dass sie nicht krank sind. Ein Besuch beim Tierarzt ist vielleicht nötig, um gesundheitliche Ursachen ausschließen zu können.

Um besser einzuschätzen, wie gut es jeder einzelnen Katze in Ihrem Haus geht, können Sie den Test auf den Seiten 178–214 machen. Überlegen Sie auch Folgendes:

- Gibt es bestimmte Katzen, für die Ihr Mehrkatzenhaushalt besonders problematisch ist (zum Beispiel für »Einzelgänger« und »Kämpfer« wie Dave und Wilma)?
- Sind alle Grundbedürfnisse jeder Katze mit Sicherheit gestillt?
- Falls nicht: Gibt es etwas, was Sie tun können, um diesen Bedürfnissen gerechter zu werden?

Überprüfen Sie, ob genügend Ressourcen für alle Katzen bereitstehen und wo sich diese Dinge befinden:

- Vergewissern Sie sich, dass es die Dinge, auf die Ihre Katzen viel Wert legen, in mehrfacher Ausführung gibt (zum Beispiel Fressnäpfe und Wasserschalen, Schlafplätze, Verstecke oder Hochsitze, warme und ruhige Plätze, Katzenklos, Spielzeuge, Kratzbäume etc.). Die goldene Regel lautet: eins von jedem pro Katze, plus ein paar Extras.
- Vergewissern Sie sich, dass jede Katze Zugang zu all ihren Ressourcen hat, ohne sie teilen oder den Weg anderer Katzen kreuzen zu müssen (besonders den der »Bekannten« und

»Feinde«). Falls Ihre Katzen unterschiedliche Reviere haben, stellen Sie sicher, dass in jedem Revier ausreichend Ressourcen pro Katze zur Verfügung stehen.

- Versuchen Sie auch zu vermeiden, dass sich in einem Revier alle Ressourcen an einem Ort befinden. Stellen Sie das Futter, die Wasserschalen und Katzenklos an unterschiedliche Plätze – auch Katzen verrichten nicht gerne in der Nähe des Essbereichs ihr Geschäft.
- Möglicherweise setzen Ihre Katzen Körpergeruch und Krallen dazu ein, um ihr Revier »hervorzuheben«. Vermeiden Sie also, ihre Schlafplätze und die Gegenstände, an denen sie sich reiben, zu oft zu säubern. Platzieren Sie außerdem an markanten Stellen (wie an den Grenzen ihres Territoriums) Gegenstände, an denen sie kratzen können.
- Katzen fühlen sich womöglich am verletzlichsten, wenn sie leicht abgelenkt sind (zum Beispiel beim Schlafen, Fressen, Trinken oder auf dem Klo). Positionieren Sie also die Gegenstände, die Ihre Katze dazu benötigt, derart, dass sie sich sicher fühlen kann, wenn sie sie benutzt, und einen guten Blick auf potenzielle Bedrohungen hat. Stellen Sie zum Beispiel die Fressnäpfe auf eine erhöhte Fläche oder einen Katzenbaum, kaufen Sie wenn möglich keine Katzenklos mit Bedeckung und legen Sie für Ihre Katzen Decken auf Regale oder Schränke.
- Sorgen Sie dafür, dass sich die Katzen den Zugang zu diesen Ressourcen nicht gegenseitig blockieren (stellen Sie besser nichts ans Ende eines schmalen Ganges, wo es keine schnelle Fluchtmöglichkeit gibt).
- Sorgen Sie dafür, dass sich die Katzen den Zutritt zu bestimmten Bereichen des Hauses oder nach draußen nicht

gegenseitig versperren. Geben Sie Ihren Katzen zum Beispiel mehrere Möglichkeiten, verschiedene Bereiche des Hauses zu betreten und zu verlassen, oder bringen Sie mehrere Katzenklappen an, die zum Außenbereich führen.

- Sie können auch versuchen, den ängstlicheren Katzen einen Zugang zu sicheren Plätzen im Haus zu ermöglichen, wohin sie sich zurückziehen können, ohne gestört oder gemobbt zu werden. Halten Sie zum Beispiel die Tür eines Zimmers immer geschlossen und installieren Sie eine Mikrochip-Katzenklappe, die so programmiert ist, dass sie sich nur für bestimmte Katzen öffnet.
- Wenn Ihre Katzen gerne viel mit Ihnen spielen und schmusen, reservieren Sie sich am besten regelmäßig und für jede separat etwas Zeit dafür.
- Versuchen Sie, die Umgebung Ihrer Katzen im Haus und außer Haus so abwechslungsreich und anregend wie möglich zu gestalten – das beschäftigt sie und hält sie davon ab, Unfug zu treiben. Auf den Seiten 177–180 finden Sie Tipps dazu, wie Ihnen das gelingen kann.

Stellt der Altersunterschied zwischen Ihren Fellnasen ein Problem dar (der junge, ungestüme Kater nervt zum Beispiel immer die ältere, leicht arthritische Katze), könnten folgende Ideen helfen:

- Lassen Sie zunächst mögliche gesundheitliche Probleme Ihrer älteren Katze untersuchen und behandeln.
- Beschäftigen Sie als Nächstes den Jungspund, damit er geistig gefordert ist und ermüdet (Vorschläge siehe Seite 177–180).

- 🐾 Schaffen Sie der älteren Katze eigene Bereiche im Haus (zum Beispiel ein Zimmer mit eingeschränktem Zugang durch Mikrochip-Katzenklappe).

Manchmal können Konflikte in Mehrkatzenhaushalten auch von hausfremden Artgenossen ausgelöst werden. Vergewissern Sie sich, dass sich keine fremde Katze durch offene Türen oder Fenster ins Haus schleicht. Wenn Sie eine Katzenklappe kaufen, wählen Sie am besten eine mit Mikrochip, damit Ihre Katzen als einzige passieren können. Falls Sie viele Katzen in der Nachbarschaft haben, versuchen Sie, sie davon abzuhalten, in Ihren Garten zu kommen. Geben Sie Ihnen nichts zu fressen, streicheln Sie sie nicht und versuchen Sie aktiv, sie zu verscheuchen. Sie können sogar etwas Kot Ihrer Katze am Gartenrand verteilen, so ist ihr Revier besser markiert. Ihre Katze sollte auf jeden Fall viele Plätze haben, an denen sie sich verstecken oder alles überblicken kann, damit sie sich draußen sicherer fühlt. Sie können Ihren Garten auch »katzensicher« machen, indem Sie einen besonderen Zaun um ihn ziehen, der fremde Katzen ausschließt.

Haben Sie all diese neuen »Harmoniestrategien« umgesetzt, ist es wichtig, dass Sie jede Katze im Auge behalten und ihre Fortschritte verfolgen. Nach einer gewissen Zeit können Sie den Test in diesem Kapitel sowie jenen auf den Seiten 178–214 erneut machen und die Ergebnisse vergleichen – entwickeln sich die Dinge grundsätzlich positiv, oder haben bestimmte Katzen noch immer Schwierigkeiten? Eventuell könnte die zusätzliche Unterstützung durch einen auf Katzen spezialisierten Verhaltensberater sinnvoll sein.

Und zu guter Letzt: Wenn Ihre Katzen eine tiefe Abneigung gegeneinander empfinden oder ihre Charaktere zu gegensätzlich sind, sollten Sie akzeptieren, dass es nur wenig gibt, was Sie tun können, damit sie sich besser verstehen. Natürlich können Sie die Situation deutlich entspannen, indem Sie das Reich Ihrer Stubentiger besser gestalten, doch das löst das Problem nicht. Manchmal erreicht man ein harmonisches und gesundes Miteinander am besten dadurch, dass man für die Katzen, denen es auch weiterhin schlecht geht oder die die meisten Konflikte verursachen, ein neues Zuhause findet. Das mag vielleicht sehr schwer für Sie sein, aber es ist möglicherweise das Beste für Ihre Katze.

KOMMT IHRE KATZE MIT EINEM NEUEN FELLGENOSSEN KLAR? UND SIND SIE BEREIT FÜR EINE WEITERE KATZE?

Warum wollen Sie eine weitere Katze?

A. Ihnen gefällt die Vorstellung, mit einer weiteren Katze interagieren zu können, und Ihr Haus und Ihr Garten sind dafür groß genug. Außerdem glauben Sie, dass Ihre bereits vorhandene Katze eine weitere gut akzeptieren würde.

B. Ihre jetzige Katze kam immer gut mit anderen Katzen im Haus zurecht.

C. Sie denken, dass Ihre Katze einsam ist, seitdem ihr Katzenpartner verstarb.

D. Sie wollen etwas Abwechslung ins Haus bringen, eine andere Rasse oder Fellfarbe wäre eine schöne Ergänzung.

E. Ihre Katze verhält sich aggressiv, und Sie denken, dass ein flauschiger Spielkamerad sie eventuell etwas beruhigen würde.

Wie würde das neue Katzenrevier aussehen?

A. Ein großes Haus mit vielen Zimmern und einem großen Garten.

B. Ein mittelgroßes Haus mit einigen Zimmern und einem durchschnittlich großen Garten.

C. Ein kleines Haus: mehrere Zimmer und ein kleiner Garten.

D. Eine Wohnung: ein paar Zimmer und ein kleiner Garten.

E. Eine Wohnung: ein paar Zimmer und kein Garten.

Wer lebt momentan in Ihrem Haushalt?

A. 1 Katze und 1–2 Menschen.

B. 2 Katzen und 1–2 Menschen.

C. 1–2 Katzen und 3 Menschen oder mehr.

D. 3–4 Katzen und 1–3 Menschen.

E. 5 Katzen oder mehr und 1 Mensch oder mehr.

Sie überlegen, welchen Typ Katze Sie zu sich holen. Wie entscheiden Sie?

A. Sie denken intensiv über den Charakter Ihrer vorhandenen Katze(n) nach, wie sie sich miteinander verstehen und welchen Katzentyp (Alter, Charakter) sie am ehesten akzeptieren würde(n).

B. Sie entscheiden sich für eine ruhige, zutraulich wirkende und entspannte Katze.

C. Sie entscheiden sich für ein junges, ungestümes Kätzchen, um etwas Leben in Ihre Katzentruppe zu bringen.

D. Sie suchen die süßeste Katze aus, die Sie finden können.

E. Sie suchen sich die Katze aus, die am temperamentvollsten, am »katzenartigsten« aussieht.

Wie viel ist in Ihrem Haus los?

A. Es geht für gewöhnlich ruhig, friedlich und routiniert zu.

B. Es ist meistens ruhig und friedlich.

C. Es kann schon mal hektisch werden, doch dann wird es wieder ruhig.

D. Es ist meist recht lebhaft, immer ist etwas los, und wir haben viel Besuch.

E. Es ist normalerweise sehr chaotisch und unvorhersehbar.

Wenn Sie bereits einen Mehrkatzenhaushalt haben, wie gut verstehen sich Ihre Katzen?

(Werfen Sie hierfür einen Blick auf die Ergebnisse aus den ersten beiden Teilen dieses Kapitels.)

A. Alle Katzen sind »Freunde« und fühlen sich wohl miteinander.

B. Die meisten Katzen sind »Freunde« und scheinen sich miteinander wohlzufühlen.

C. Die meisten Katzen sind »Bekannte« und scheinen sich in Gegenwart der anderen leicht unwohl zu fühlen.

D. Manche der Katzen sind »Feinde«, »Gegenspieler« oder scheinen sich in Gegenwart der anderen sehr unwohl zu fühlen.

E. Die meisten Katzen sind »Feinde«, »Gegenspieler« oder fühlen sich in Gegenwart der anderen sehr unwohl.

Welchen Charakter hat/haben Ihre jetzige(n) Katze(n)?

A. Sehr zutraulich, entspannt und unkompliziert.

B. Cool, ruhig und gefasst.

C. Liebenswert, tolerant, aber eventuell manchmal etwas nervös.

D. Ängstlich, nervös und sehr sensibel.

E. Angespannt, übernervös und schnell genervt.

Falls Sie momentan einen Einkatzenhaushalt führen: Lebte Ihre Katze bereits mit Artgenossen zusammen?

A. Seitdem sie ein Kätzchen war, hat sie meist mit mindestens einer anderen Katze zusammengelebt und sich immer prächtig mit ihnen verstanden.

B. Ja, und sie haben sich meist gut verstanden.

C. Nein, sie ist seit dem Kätzchenalter immer die einzige Katze gewesen. Oder: Meine Katze war ein Streuner, ich weiß also nur sehr wenig über ihre Vergangenheit.

D. Nein, aber sie sieht andere Katzen oft im Garten, und meist endet das dann in einem Kampf oder Geschrei.

E. Ja, und sie hasste jeden einzelnen Moment.

Ist/Sind Ihre Katze(n) kastriert?

A. Ja, alle, und zwar seit dem Kätzchenalter.

B. Ja, seit Kurzem.

C. Das weiß ich nicht.

D. Nur ein paar von ihnen.

E. Nein, keine.

Wie würden Sie das allgemeine Wohlbefinden Ihrer Katze(n) beschreiben?
(Sie können das auch mithilfe des Tests auf den Seiten 178–214 beantworten.)

A. Sie scheinen sehr glücklich, zufrieden und entspannt.

B. Sie scheinen sich grundsätzlich ganz wohlzufühlen.

C. Mal scheinen sie zufrieden, mal vielleicht etwas gestresst.

D. Meistens machen sie einen verängstigten, nervösen oder unglücklichen Eindruck.

E. Sie wirken immer gestresst oder unglücklich.

Wie steht es um die Gesundheit und Fitness Ihrer Katze(n)?

A. Sie sind aktiv, gesund und schmerzfrei.

B. Sie sind meistens aktiv, gesund und schmerzfrei.

C. Sie haben ein paar Beschwerden, die Behandlung schlägt aber an.

D. Sie sind ernsthaft erkrankt, die Behandlung schlägt aber an.

E. Sie sind ständig oder chronisch krank und sehr beeinträchtigt.

Wie würden Sie die neue Katze in Ihren existierenden Katzenhaushalt einführen?

A. Langsam, behutsam und schrittweise, damit alle Katzen sich wohlfühlen. Sie stellen sich darauf ein, dass es Monate dauern könnte.

B. Nach und nach, über ein paar Wochen hinweg.

C. Sie gehen nach Gefühl vor, Ihr Bauch entscheidet über das Was und Wann.

D. Sie öffnen das Gitter der Katzenbox und lassen die Tiger mal machen.

E. Sie sperren sie zusammen in der Küche ein – je früher sie miteinander klarkommen, desto besser!

Wie stellen Sie sicher, dass alle Ihre Katzen genug Möglichkeiten haben, sich im Notfall aus dem Weg zu gehen?

A. Es wird für jede genug Plätze geben, um ungestört zu fressen, zu trinken, aufs Klo zu gehen, zu schlafen, sich auszuruhen, zu spielen und ihre Menschen auszuspionieren.

B. Wenn jede ihr eigenes Revier will, verteilen Sie die Ressourcen dementsprechend.

C. Sie werden sie auf jeden Fall an verschiedenen Plätzen füttern.

D. Das überlasse ich den Katzen.

E. In Ihrem Zuhause ist nicht so viel Platz – sie werden einfach lernen müssen zu teilen.

AUSWERTUNG DES KATZEN-PERSÖNLICHKEITSTESTS

Sie haben meistens A oder B angekreuzt – was bedeutet das?

Alles deutet darauf hin, dass Sie und Ihre Katze(n) gut darauf vorbereitet sind, ein weiteres flauschiges Familienmitglied willkommen zu heißen. Wahrscheinlich haben Sie ein großes, katzenfreundliches Haus, und Ihre jetzige(n) Katze(n) ist/sind vermutlich gut versorgt, zufrieden und würde(n) mit einem Neuankömmling gut zurechtkommen. Allerdings gibt es im Leben nur wenige Garantien, daher sollten Sie trotzdem die Tipps und Ratschläge zur richtigen Auswahl der Katze beachten (siehe Seite 140 f.) und Ihrem neuen Tiger so die Chance auf eine sanfte und entspannte Eingewöhnung in sein neues Zuhause geben. Katzen können in Bezug auf ihre Sympathien sehr wählerisch sein. Kommen Ihre jetzigen Katzen also gut miteinander aus, heißt das nicht automatisch, dass das mit dem Neuankömmling auch so sein wird.

Sie haben meistens C angekreuzt – was bedeutet das?

Die Umstände für ein weiteres Katzenkind in Ihrem Haushalt sind möglicherweise nicht optimal. Ihre Umgebung ist eventuell nicht die beste, um ein harmonisches Katzenmiteinander zu fördern, und eine weitere Fellnase könnte für Ihre bereits vorhandene(n) Katze(n) eine zusätzliche Herausforderung darstellen. Daher sollten Sie sich sehr gut überlegen, ob das die richtige Zeit ist, um sich eine weitere Katze anzuschaffen, und ob das Wohlbefinden Ihrer jetzigen Katze(n) dadurch beeinträchtigt werden könnte. Wenn Sie sich sicher sind, dass Sie einen neuen Stubentiger zu sich nehmen wollen, ist es besonders wichtig, dass Sie die Tipps und Ratschläge ab Seite 140 auf jeden Fall beherzigen.

Sie haben meistens D oder E angekreuzt – was bedeutet das?

Es sieht so aus, als wäre es womöglich nicht die beste Idee, wenn Sie sich eine weitere Katze anschaffen. Als Katzenfreunde denken wir vielleicht häufig: je mehr, desto besser. Doch wir dürfen nicht vergessen, dass es manche Fellnasen genau wie ihre wilden Verwandten vorziehen, allein durch die Welt zu streifen. In einem Haus mit mehreren Katzen kann das Zusammenleben schon in den besten Zeiten schwierig sein, doch erheblich schlimmer wird es, wenn Katzen nur ein kleines Revier haben, ihre Ressourcen begrenzt oder schlecht verteilt sind, im Haus viele geschäftige Menschen sind oder man alles mit vielen anderen Katzen teilen muss (besonders mit ängstlichen, gestressten oder kranken Tieren). Manche Katzen kommen womöglich mit vielem, was wir ihnen zumuten, gut klar, das heißt aber nicht unbedingt, dass sie glücklich darüber sind. Jetzt ist es wahrscheinlich sinnvoller, dass Sie sich darauf konzentrieren, Ihre bereits vorhandene(n) Katze(n) so glücklich wie möglich zu machen, anstatt darüber nachzudenken, eine weitere dazuzunehmen.

Allgemeine Tipps und Ratschläge

DIE RICHTIGE KATZE AUSSUCHEN

Ist Ihre Katze bereit für einen Neuankömmling, ist der nächste Schritt, den richtigen Partner für sie zu finden. Ideal wäre es natürlich, wenn Sie Ihre Katzen zur gleichen Zeit und als Kätzchen zu sich holen würden. Wenn Sie allerdings bereits eine oder mehrere Katzen haben und eine weitere dazunehmen wollen, sind das Ihre besten Optionen:

- 🐾 Nehmen Sie eine junge, ruhige Katze, die sich gut mit ihren Wurfgeschwistern zu verstehen scheint und Eltern hat (falls Sie das in Erfahrung bringen können), die ebenfalls gut mit anderen Katzen zurechtkommen.
- 🐾 Oder: Wählen Sie eine ältere Katze, die bereits mit anderen Katzen zusammengelebt hat und damit gut zurechtgekommen ist.

- Wählen Sie eine Katze, deren Charakter und Aktivitätslevel sich womöglich gut mit dem Ihrer jetzigen Katze(n) verträgt:
  - Sind Ihre Katzen eher ältere, gemütliche Omas und Opas, meiden Sie eine sehr ungestüme, junge Katze (es sei denn, Sie wollen ihr neuer Vollzeit-Spielkamerad werden!).
  - Haben Sie bereits eine sehr lebhafte, verspielte Katze, könnte ein aktives und selbstsicheres Kätzchen gut passen.
  - Haben Sie eine ängstliche, scheue Katze, wäre vielleicht eine ruhige, selbstsichere und entspannte Katze die beste Wahl.
  - Suchen Sie sich am besten keine Katze nur aufgrund ihrer Rasse aus, da das keine Garantie für Verhalten und Charakter ist.

VORBEREITUNGEN IM HAUS

Vergewissern Sie sich, dass genügend Ressourcen für alle Ihre Katzen bereitstehen und sie gut verteilt sind. Prüfen Sie, dass der Zugang zu diesen Ressourcen nicht so leicht blockiert werden kann. Sorgen Sie für viele ruhige und »sichere« Plätze, wohin sich ihre Katzen zurückziehen können, wenn sie sich bedroht fühlen (Verstecke oder Hochsitze).

Bevor die neue Mieze kommt, sollten Sie ihr ein kleines, separates Revier schaffen. Dafür stellen Sie alles, was sie brauchen wird (Futter, Wasser, Katzenklo, Schlafplatz, Verstecke, Spielzeuge und Kratzbaum), in ein ruhiges Zimmer. Am besten kaufen Sie neue Sachen für den Neuankömmling, anstatt den vorhandenen Katzen Dinge wegzunehmen.

VORSTELLUNGSRUNDE

Das Kennenlernen sollte schrittweise erfolgen und den Katzen ermöglichen, sich langsam und in ihrem Tempo zu beschnuppern. In dieser Zeit ist es absolut in Ordnung, wenn die neue und die »alte« Katze nicht miteinander spielen oder anderweitig interagieren wollen, also zwingen Sie sie niemals dazu, in der Nähe der anderen zu sein oder sie zu berühren. Wenn etwas in einer der Kennenlernphasen zwischen den beiden schiefläuft, gehen Sie am besten ein oder zwei Schritte zurück und lassen Sie alles noch etwas langsamer angehen.

- Wenn Ihre neue Katze ankommt, bringen Sie sie in ihr kleines Revier, schließen Sie die Tür und lassen Sie sie für ein paar Stunden ausruhen.
- Legen Sie nach ein paar Tagen, oder wenn Sie glauben, dass es ihr in ihrer neuen Bude gut geht, einen Gegenstand, der Ihrer anderen Katze gehört (zum Beispiel eine Schlafdecke), in das Zimmer der neuen Katze, und daneben ein paar Leckerli.
- Die Decke sollte auf jeden Fall den Geruch Ihrer »alten« Katze haben. Machen Sie das Gleiche bei der »alten« Katze: Legen Sie ihr eine Decke hin, die den Geruch der neuen Katze trägt, damit sie sie untersuchen kann – Leckerli dazu nicht vergessen.
- Tauschen Sie die Decken mehrmals zwischen den Katzen hin und her, zumindest ein paar Tage lang.
- Wenn Sie glauben, dass Ihre neue Katze zufrieden und entspannt ist und sowohl die neue als auch die »alte« Katze den Geruch der anderen akzeptiert hat (zum Beispiel schenken sie der Decke nach einem Austausch keine Aufmerksamkeit

mehr), können Sie die neue Katze für kurze Zeitspannen den Rest des Hauses erkunden lassen. Lassen Sie die Tür zum Zimmer Ihrer neuen Katze offen, damit sie sich immer zurückziehen kann, wenn es ihr zu viel wird. Vergewissern Sie sich, dass Ihre »alte« Katze nicht in der Nähe ist (warten Sie zum Beispiel, bis sie nach draußen gegangen ist, und schließen Sie die Katzenklappe, oder behalten Sie sie über Nacht in Ihrem Schlafzimmer, wenn sie diese Einschränkung nicht zu sehr stört). Wenn das alles gut geht, wiederholen Sie es ein paarmal innerhalb von zwei, drei Tagen.

- Als Nächstes sollen die Katzen einen Blick auf sich werfen können (nur schauen, nicht berühren). Entweder Sie öffnen dafür die Tür zum Zimmer der neuen Katze einen winzigen Spaltbreit und fixieren sie so, oder Sie öffnen die Tür ganz und befestigen ein großes Netz oder eine durchsichtige Plastikbarriere am Türrahmen, damit keine der Katzen hinein- oder hinauskann.
- Geben Sie den Katzen Leckerli, wenn sie beieinander sind, damit sich positive Assoziationen bilden. Ermutigen Sie sie aber nicht dazu, direkt nebeneinander zu fressen – Katzen ziehen es meist vor, allein zu speisen.
- Achten Sie genau auf Verhalten und Körpersprache. Wenn Sie das Gefühl bekommen, dass eine der Katzen sich unwohl fühlt (siehe auch vorigen Test), locken Sie eine der beiden weg und beenden Sie das Treffen.
- Läuft alles gut, können Sie diesen Schritt ein paar Tage lang wiederholen.
- Wenn beide Katzen sich in der Nähe der anderen wohlzufühlen scheinen (siehe vorigen Test), können Sie die Tür zum

Zimmer der neuen Katze öffnen und ein beaufsichtigtes Beschnuppern ermöglichen. Setzen Sie Leckerli (ein Häufchen für jede Katze) und Spielzeuge (eines für jede Katze) ein, damit die beiden sich in Gegenwart der anderen wohl und glücklich fühlen.

- Wenn diese Phase gut läuft, können Sie zu unbeaufsichtigten Katzentreffen übergehen, schauen Sie allerdings hin und wieder vorbei, um sicherzugehen, dass alles noch in Ordnung ist. Läuft alles nach Plan, können Sie diesen Schritt ein paar Tage lang mehrmals wiederholen.
- Sind alle Katzen glücklich und kam es zu keinen Zwischenfällen, können Sie die Tür zum Zimmer der neuen Katze immer offen lassen, damit alle kommen und gehen können, wie es ihnen gefällt. Die neue Katze sollte auf jeden Fall noch Zugang zu diesem Raum haben, und all ihre Sachen sollten dort bleiben, damit sie auch weiterhin einen schönen, sicheren Ort hat, an den sie sich bei Bedarf zurückziehen kann.
- Haben Sie ein Auge darauf, wie es allen Ihren Katzen geht, und befolgen Sie die Ratschläge bezüglich der Langzeit-Harmoniestrategien im ersten Teil.
- Die sorgfältige Auswahl der richtigen Katze sowie die schrittweise Eingewöhnung ist für Ihre Katzen die beste Chance, gut miteinander auszukommen. Sorgt die neue, eingewöhnte Katze allerdings trotzdem dafür, dass es Ihrer anderen Katze schlecht geht, und haben Sie bereits alle »Harmoniestrategien« umgesetzt und/oder bei einem qualifizierten Verhaltensberater um Rat gefragt, ist Ihre neue Katze möglicherweise einfach nicht mit den anderen kompatibel und braucht ein neues Zuhause.

GUT ZU WISSEN

GIBT ES UNTER KATZEN HIERARCHIEN – UND SIND MANCHE KATZEN DOMINANTER ALS ANDERE?

Wildkatzen leben nicht in komplexen Katzengemeinschaften mit Anführern und ihren Stellvertretern. Daher scheint es nur logisch, dass die domestizierte Katze diese Eigenschaft auch nicht von ihren Verwandten geerbt hat. Bei Studien zu freilebenden Hauskatzen konnten auch keine klaren »Dominanzhierarchien« festgestellt werden. Ältere nicht kastrierte Kater hindern vielleicht jugendliche Kater daran, sich fortzupflanzen, doch Weibchen sind meist kooperativ und helfen auch dabei, die Kätzchen anderer großzuziehen. Es scheint, als tendierten Katzen politisch gesehen eher dazu, sozialistische Koalitionen zu bilden, keine Diktaturen. Und obwohl manche Katzen andere mobben, heißt das nicht automatisch, dass sie sie »dominieren«, sondern vielmehr, dass es schwieriger für sie ist, mit anderen Katzen zusammenzuleben. Oder sie glauben, die Ressourcen in ihrem Zuhause stärker unter Kontrolle haben zu müssen, und versuchen daher, andere Vierbeiner davon abzuhalten, sie zu nutzen.

TRAUERN KATZEN UMEINANDER?

Eigentlich wissen wir noch nicht genug über das Gehirn der Katze und ihre Gefühle, um diese Frage wirklich beantworten zu können. Doch viele Menschen berichten, dass sich das Verhalten ihrer Katzen dramatisch verändert hat, nachdem eine Katze verstorben war oder das gemeinsame Zuhause verlassen hatte. Manche Katzen, die eine sehr starke Bindung zueinander hatten, vermissen sicherlich die soziale Interaktion und den Halt, den die andere Katze bot, doch sie trauern wahrscheinlich nicht auf dieselbe Art wie Menschen. Das veränderte Verhalten von Katzen könnte auch durch diese Faktoren ausgelöst sein:

- 🐾 Die verbleibende Katze spürt den Wandel unserer Stimmung und unseres Verhaltens, das könnte bei ihr Stress auslösen. Zudem bekommt sie eventuell plötzlich viel mehr Aufmerksamkeit von uns als gewöhnlich. Ist sie nicht der Typ Schmusekater (siehe auch Tests auf den Seiten 15–40 und 41–63), könnte sie das als unangenehm empfinden und überfordern.
- 🐾 Die Dynamik in Ihrem Mehrkatzenhaushalt hat sich vielleicht verändert. Falls Ihre Katzen zuvor manche Bereiche des Hauses mit einem bestimmten Zeitfenster-System genutzt haben, müssen sie ihren Zeitplan nun vielleicht etwas anpassen, da eine Katze nicht mehr da ist.
- 🐾 Die verstorbene Katze war vielleicht ein kleiner Störenfried oder ein »Ressourcenblockierer«, und jetzt können die anderen Katzen freier über alles verfügen. Es kann auch sein, dass Sie nun viel verfügbarer scheinen, sodass Sie eventuell um viel mehr Kuscheleinheiten angebettelt werden als üblich!

TEIL 3: DIE JAGDKATZE

In diesem Teil:

Wie raubtierhaft oder verspielt ist Ihre Katze?

WIE RAUBTIERHAFT ODER VERSPIELT IST IHRE KATZE?

So süß und unschuldig unsere flauschigen Freunde auch aussehen – wenn sie ihre räuberische Seite zeigen, gibt es wenig Hoffnung auf Gnade. Die Hauskatze ist in den meisten Fällen noch immer ein äußerst effektives Raubtier, das es auf alle Kleintiere abgesehen hat, egal, ob diese nun Schuppen, Federn oder Fell tragen. Tatsächlich geht man davon aus, dass der Jagdtrieb der Katze und ihre damit verbundenen Fähigkeiten fest in ihrem Erbgut verankert sind. Manche Katzen sind sogar besonders geschickt, da sie im Kätzchenalter die Möglichkeit hatten, ihre Jagd zu perfektionieren. In der Wildnis kann Nahrung knapp sein, daher warten sie nicht erst darauf, bis sie hungrig sind, bevor sie einen Blick auf die Speisekarte werfen. Wenn Katzen nicht jede sich ihnen bietende Chance nutzen, bereuen sie es später wahrscheinlich. Besonders wenn man bedenkt, dass nur circa die Hälfte ihrer Beuteversuche erfolgreich ist. Das könnte auch eine Erklärung dafür sein, warum sogar Katzen, die das edelste Gourmetfutter bekommen, noch immer dürren, kleinen Mäusen hinterherjagen.

Das Spiel der Katze basiert zu einem großen Teil auf ihrem Jagdrepertoire. Egal, ob sie mit uns, mit ihren Spielzeugen, dem neuen Sofa oder mit anderen Haustieren spielt – höchstwahrscheinlich werden Sie dabei viele Bewegungen sehen, die ihrem

Jagdverhalten entspringen. Knifflig kann es werden, wenn wir versuchen, die richtige Balance zwischen den Trieben unserer Katze und unserem eigenen Bedürfnis nach unversehrten Händen und Füßen, ansehnlichen Möbeln und dem Erhalt der lokalen Tierwelt zu finden. Darüber hinaus erwecken manche Katzen zwar den Eindruck, als hätten sie Lust zum Spielen, sind dann aber doch recht schnell gelangweilt. Mit dem folgenden Test können Sie herausfinden, wie raubtierhaft/verspielt Ihre Hauskatze wirklich ist. Außerdem helfen Ihnen die vielen Tipps und Ratschläge dabei, richtig mit ihrem kleinen Tiger umzugehen, sei er nun ein unersättliches Raubtier oder ein Spielmuffel.

Sie hatten einen langen Arbeitstag und könnten eine lustige, abwechslungsreiche Spielzeit mit Ihrer Katze gut gebrauchen. Was macht Ihre Katze?

A. Sie ist in Position und hält sich bereit – auf die Pfoten, fertig, los!

B. Sie ist nur einen kurzen Sprung vom Spielekorb entfernt.

C. Bereit und willig, solange Leckerli involviert sind.

D. Wahrscheinlich schläft sie oder ignoriert Sie.

E. Sie läuft sofort weg, wenn sie den Spielzeugkorb sieht – es gibt nichts Schlimmeres, als mit Ihnen zu spielen.

Es ist schon eine Weile her, dass Sie mit Ihrer Katze ausgiebig gespielt haben. Können Sie folgendes Verhalten an Ihrer Katze beobachten?

(Zutreffendes ankreuzen, mehrere Kreuze möglich)

- ○ Sie wirkt rastlos, läuft unruhig umher und miaut.
- ○ Sie springt Sie an, während Sie schlafen.
- ○ Sie greift Ihre Hände und Füße an.
- ○ Sie lauert hinter einem Vorhang und greift Sie an, wenn Sie vorbeilaufen.
- ○ Sie nervt die anderen Tiere im Haus, indem sie ihnen ständig auflauert, sie jagt, anspringt oder versucht, sie in eine Rauferei zu verwickeln.
- ○ Es scheint, als wäre sie vom Katzenteufel besessen: Sie fetzt durchs Haus, springt wortwörtlich die Wände hoch und wird von imaginären Kreaturen erschreckt.
- ○ Sie nimmt die Dinge jetzt selbst in die Hand und macht Jagd auf unsichtbare Objekte.

WIE HÄUFIG KÖNNEN SIE DIESES VERHALTEN BEOBACHTEN?

A. Die ganze Zeit – Spielen ist für Ihre Katze sogar wichtiger als Schlafen.

B. Oft, doch meist lässt sich die Situation beruhigen, indem man eine Spielzeugmaus in ihre Richtung wirft.

C. Nur gelegentlich, Ihre Katze scheint sich eigentlich ganz gut selbst unterhalten zu können.

D. Vielleicht ein Mal – Ihre Katze ist meist zu sehr mit Fressen und Schlafen beschäftigt, sie hat keine Zeit zu spielen.

E. Nie, Ihre Katze hat eindeutig andere Prioritäten.

Wie lange dauert eine Spieleinheit mit Ihrer Katze normalerweise?

A. So lange, wie Sie es aushalten – Ihre Katze könnte wahrscheinlich ewig spielen.

B. Normalerweise ist sie gute 20 Minuten dabei.

C. Sie schaffen es meist, sie 5 bis 10 Minuten zu unterhalten, allerdings nur, wenn Sie das Spielzeug richtig werfen und auch andere Sachen mit ins Spiel bringen.

D. Mit ein bisschen Glück kitzeln Sie ein paar halbherzige Pfotenhiebe aus ihr heraus.

E. Es wäre ihr eindeutig lieber, wenn Sie ihr nur ihr Fressen geben würden.

Wie oft entdecken Sie Indizien für die Jagdausflüge Ihrer Katze (zum Beispiel ein kleines flauschiges »Geschenk« oder einen kleinen Haufen Federn)?

A. In den Frühlings- und Sommermonaten kommt das fast täglich vor.

B. Es passiert recht häufig – womit haben Sie sich diese vielen Geschenke verdient?

C. Es kann hin und wieder vorkommen, aber wahrscheinlich nur, wenn Ihre Katze Glück hatte.

D. Es ist vielleicht ein Mal passiert, obwohl Sie sich ziemlich sicher sind, dass Ihre Katze etwas gefunden hat, was bereits tot war, und dann einfach so getan hat, als hätte sie es gefangen.

E. Nie, und Sie fragen sich bereits, ob Ihre Katze vielleicht insgeheim ein Vegetarier ist.
Oder: Sie haben eine Wohnungskatze und wären über ein Geschenk mit Fell oder Gefieder sehr erstaunt.

Ihre Katze sitzt am Fenster, und auf der anderen Seite der Scheibe putzt sich ein Vogel gerade seine Federn. Was macht Ihre Katze?

A. Sie fängt an, diese seltsamen Schnattergeräusche zu machen, wobei sie wie ein kaputter Katzenroboter klingt.

B. Sie nimmt ihre geduckte Lauerstellung ein und fixiert ihre Beute.

C. Sie schaut recht interessiert, ist aber entspannt und genießt die kostenlose Vorstellung.

D. Sie schaut den Vogel an, aber wahrscheinlich nur, um ihn bei Laune zu halten.

E. Sie tut nichts – oh, da draußen ist ein Vogel? Ist mir gar nicht aufgefallen …

Wie begeistert spielt Ihre Katze (mit mausähnlicher Beute)?

Nehmen Sie eine Angel beziehungsweise einen Stab mit einem mausgroßen Gegenstand am Ende, der entweder mit Federn oder fellähnlichem Material bedeckt ist. Ihre Katze sollte das Spielzeug idealerweise nicht kennen. Es kann allerdings auch eines ihrer Lieblingsspielzeuge sein, das ihr nur selten zur Verfügung steht.

Machen Sie die Katze freundlich auf sich aufmerksam. Ziehen Sie dann das Spielzeug zuerst langsam, dann schnell in einer geraden Linie über den Boden und machen Sie sporadisch ein paar heftige Bewegungen, mit kurzen Pausen dazwischen. Lassen Sie Ihre Katze das Spielzeug hin und wieder fangen, aber bewegen Sie es weiterhin so, als wäre es eine echte Maus, die zu fliehen versucht. Versuchen Sie, die »Maus« auf dem Boden oder nahe am Boden zu halten. Beobachten Sie Ihre Katze für eine Minute, während Sie das Spielzeug bewegen. Idealerweise führen Sie diesen Versuch mehrmals zu verschiedenen Tageszeiten durch, um sich ein möglichst akkurates Bild vom Verhalten Ihrer Katze machen zu können.

WAS MACHT IHRE KATZE?
(KREUZEN SIE ALLES AN, WAS SIE BEOBACHTEN.)

- ○ Sie fixiert das Spielzeug, Schnurrhaare und Ohren sind aufgestellt, wie bei einer Antenne, die ein neues Signal empfängt.
- ○ Sie lauert dem Spielzeug auf und kommt schnell näher, bleibt dabei in geduckter Haltung – der Körper ist nahe am Boden.
- ○ Sie hebt ihre Hinterbeine hoch und senkt sie wieder, als ob der Boden plötzlich zu heiß wäre (es könnte auch so aussehen, als ob sie mit dem Hintern zu wackeln versucht). Vielleicht beginnt ihr Schwanz auch zu zucken.
- ○ Sie sprintet zur »Beute«, setzt zum finalen Sprung an oder versucht, sie zu fangen, indem sie hochspringt.
- ○ Mit einer oder beiden Vorderpfoten haut sie die »Beute« oder hält sie kurz am Boden fest.
- ○ Sie setzt zum Tötungsbiss an, indem sie ihre Eckzähne in die »Beute« versenkt (wahrscheinlich in den Nacken – falls einer da ist!).
- ○ Sie schlägt wie wild mit ihren Hinterbeinen auf das Spielzeug ein, das sie entweder in ihrem Maul hat oder zwischen ihren Vorderpfoten festhält.
- ○ Sie schnappt sich das Spielzeug und will es im Maul wegtragen.
- ○ Sie schleudert das Spielzeug herum und/oder schlägt mit ihren Tatzen darauf ein.
- ○ Sie beginnt, das Fell oder die Federn des Spielzeugs (echt oder künstlich) mit ihren Zähnen herauszuzupfen.

WAS MACHT IHRE KATZE?

A. Sie legt alle diese Verhaltensweisen an den Tag, und zwar mit militärischer Präzision.

B. Sie zeigt mindestens ein paar dieser Verhaltensweisen, vielleicht etwas unbeholfen.

C. Sie zeigt eine oder zwei dieser Verhaltensweisen, obwohl ihre Begeisterung manchmal etwas zu wünschen übrig lässt.

D. Sie gibt dem Spielzeug einmal einen halbherzigen Pfotenhieb – zählt das?!

E. Sie beobachtet Sie spöttisch aus der Ferne, mehr Beteiligung ist nicht auszumachen.

Wie begeistert spielt Ihre Katze (mit fliegender Beute)?

Nehmen Sie dasselbe Stabspielzeug wie beim vorigen Versuch oder eines mit einem vogel- oder insektenähnlichen Gegenstand am Stabende. Machen Sie die Katze freundlich auf sich aufmerksam. Wecken Sie dann den Puppenspieler in sich und bewegen Sie das Spielzeug wie einen kleinen Vogel oder ein Fluginsekt, das hin und her fliegt. Sie können es zum Beispiel hin und wieder auf dem Boden und/oder auf den umliegenden Möbeln »landen« lassen. Variieren Sie auch die Flughöhe der Beute, damit sie sich mal auf Höhe der Katze befindet und mal nur durch einen Luftsprung zu fangen ist. Lassen Sie Ihre Katze das Spielzeug auch manchmal fangen, aber bewegen Sie es weiterhin so, als wäre es ein echtes Tier, das zu fliehen versucht. Beobachten Sie Ihre Katze eine Minute lang, während Sie das Spielzeug bewegen.* Idealerweise führen Sie diesen Versuch mehrmals zu verschiedenen Tageszeiten durch, um sich ein genaueres Bild vom Verhalten Ihrer Katze zu machen.

* Falls Ihre Katze von dieser Beschäftigung nichts hält, wedeln Sie besser das Spielzeug nicht ständig vor ihrer Nase herum. Das könnte sonst dazu führen, dass Ihre Katze sehr genervt ist und Sie ihr Verhalten falsch deuten (zum Beispiel könnte sie nur nach dem Spielzeug schlagen, um es nicht mehr vor sich zu haben).

WAS MACHT IHRE KATZE?

A. Wie eine winzige Rakete springt sie wiederholt in die Luft und vollführt akrobatische Drehungen und Saltos.

B. Sie springt ein paarmal hoch und versucht, das Spielzeug zu fangen, vor allem wenn es an ihr vorbeifliegt oder »landet«.

C. Sie verzichtet auf Luftsprünge, schlägt aber ein paarmal auf das Spielzeug ein, wenn es in ihrer Nähe ist.

D. Sie kauert auf dem Boden, richtet sich aber nach dem Spielzeug aus, um es im Auge zu behalten.

E. Sie beobachtet Sie spöttisch aus der Ferne, mehr Beteiligung ist nicht auszumachen.

Wie gut kann man Ihre Katze mit Spielzeug ablenken?

Nehmen Sie die Lieblingsleckerli Ihrer Katze und dasselbe Spielzeug wie im vorigen Versuch. Legen Sie einen kleinen Haufen Leckerli daneben. Lassen Sie Ihre Katze näher kommen und die Leckerli fressen. Gehen Sie nun einen Meter zurück und bewegen Sie das Stab- bzw. Angelspielzeug auf die gleiche Weise wie in den vorigen Versuchen. Machen Sie das etwa 30 Sekunden lang.

WAS MACHT IHRE KATZE?

A. Sobald das Spielzeug anfängt zu zucken, springt sie los, und die Leckerli fliegen nur so herum.

B. Sie wendet sich sofort dem Spielzeug zu, geht in die Lauerstellung und bereitet sich auf den Angriff vor.

C. Gemächlich geht sie zum Spielzeug, verliert aber schnell das Interesse und widmet sich wieder den Leckerli.

D. Sie schaut kurz in Richtung Spielzeug, verputzt dann aber lieber weiter die Leckerli.

E. Sie schaut nicht hoch und konzentriert sich lieber auf ihre aktuelle Aufgabe. Oder: Meine Katze isst nicht gerne, wenn ich in der Nähe bin.

AUSWERTUNG DES KATZEN-PERSÖNLICHKEITSTESTS

Sie haben meistens A oder B angekreuzt – was bedeutet das?

Ihre Katze ist höchstwahrscheinlich ein äußerst verspieltes kleines Wesen. Schon die kleinste Bewegung eines Stücks Schnur kann sie in den Angriffsmodus versetzen. Vielleicht ist Ihnen auch schon aufgefallen, dass sie sehr wachsam ist, sehr viel wahrnimmt und auf plötzliche Bewegungen und Geräusche mit Neugier reagiert. Grundsätzlich hat Ihr Stubentiger vermutlich einen großen Entdeckerdrang und braucht deshalb viel geistige Stimulation und Bewegung. Während manche Katzen damit zufrieden sind, sich überwiegend an Spielzeugen und anderen leblosen Objekten auszutoben, finden viele sehr verspielte/räuberische Samtpfoten auch echte Beute attraktiv. Wenn Sie weiterlesen, werden Sie erfahren, wie Sie Ihre Katze ausreichend bespaßen können und wie man sie möglicherweise davon abhält, zu viel zu jagen.

WIE HALTEN SIE IHRE KATZE BEI LAUNE?

Die große weite Welt da drinnen

- 🐾 Katzen mit einem großen Entdeckerdrang und viel Abenteuerlust profitieren von einer anregenden Einrichtung des Hauses. Das ist besonders dann essenziell, wenn sie keinen Zugang zu einem Außenbereich haben.
- 🐾 Wie bereits erwähnt, genießen es die meisten Fellnasen, auf unterschiedlichen Höhen zu entspannen oder zu spielen – zusätzlich zu ein paar Versteckmöglichkeiten sind im Haus verteilte Regale und große Katzenbäume also ideal.
- 🐾 Auch das Fressen kann spannender werden, wenn man das gewohnte Katzenfutter in interaktive Futternäpfe füllt – je nach Napf funktioniert das sowohl mit Trocken- als auch mit Nassfutter. Ihre Katze hat womöglich auch an einem beweglichen Futternapf Spaß oder eine Vorliebe für einen ganz bestimmten. Experimentieren Sie ruhig etwas, um herauszufinden, was ihr am meisten Freude macht. Sie können natürlich verschiedene interaktive Futternäpfe kaufen oder, wenn Ihnen nach kreativer Arbeit ist, sich selbst ans Werk machen.
- 🐾 Interaktive Futternäpfe fordern Ihre Katze sowohl geistig als auch körperlich, sie eignen sich daher besonders für schnell gelangweilte Katzen oder für Schlinger und Bewegungsmuffel. Am besten rotieren sie regelmäßig, damit es für Ihren Vierbeiner spannend bleibt.
- 🐾 Ihre Katze mag vielleicht immer gerne das innere Spielkind bzw. den Jäger herauslassen, deshalb können Sie dafür sorgen, dass das Spielen nie langweilig wird, indem sie die Spiel-

zeuge abwechseln. Spielzeuge, die mit Katzenminze oder Baldrian gefüllt sind, können besonders reizvoll sein, da sie die Sinne zusätzlich anregen.

- Ihre Katze wird wahrscheinlich sehr aufgeregt sein, wenn sie in ihren Spielmodus geht. Wenn Sie mit Ihrer Katze spielen, ist ein Stab oder ein angelartiges Spielzeug hilfreich, damit sie Ihre Hände oder Füße im Eifer des Gefechts nicht mit der Beute verwechselt. Tatsächlich sollten Sie Ihre Katze nie dazu ermutigen, mit Ihren Händen oder Füßen zu »spielen«. Denn das kann sie sich womöglich nur schwer wieder abgewöhnen, was recht schmerzhaft und/oder nervig für Sie werden könnte!

Die große weite Welt da draußen

- Katzen profitieren grundsätzlich von einer anregenden Umgebung im Freien, wo es viel zu entdecken gibt. Sie werden all die Dinge, Geräusche und Gerüche sehr genießen, die die Welt da draußen zu bieten hat. Besonders dann, wenn sie sich in ihrem Garten sicher fühlen können (zum Beispiel durch Büsche zum Verstecken und/oder vorteilhafte Hochsitze).
- Zusätzlich zu Katzenpflanzen (wie Katzengras, Geißblatt, Baldrian und Katzenminze) sorgt auch eine Reihe von insektenfreundlichen Pflanzen dafür, dass die Sinne Ihrer Katze stimuliert werden.
- Indem Sie im Garten Möbelstücke in verschiedenen Höhen aufstellen, schaffen Sie für Ihre Katze spannende Dimensionen. Außerdem kann sie so potenzielle Eindringlinge von

einem sicheren Platz aus beobachten. An Wänden oder Zäunen angebrachte Holzregale sowie Stühle, Tische oder Katzenhäuser eignen sich dafür sehr gut.

🐾 Wenn Sie sich Sorgen um Ihre Katze machen, während sie draußen ist, gibt es viele Wege, wie man sie schützen und in der Nähe halten kann. Je spannender der Garten ist, desto unwahrscheinlicher wird es, dass sie größere Kreise zieht. Sie können Ihrer Katze auch beibringen, zu Ihnen zu kommen, wenn Sie nach ihr rufen. Außerdem können Sie ihr ein spezielles GPS-Halsband umlegen, um ihre Bewegungen besser zu verfolgen.

🐾 Zusätzlich kann Ihr Garten auf verschiedene Arten »katzensicher« gemacht werden, damit Ihre Fellnase dort bleibt, wo Sie sie sehen können (zum Beispiel durch einen speziellen Zaun, der Katzen am Verlassen oder Betreten des Gartens hindert).

WIE KANN ICH VERHINDERN, DASS MEINE KATZE AUF JAGD GEHT?

Da es tief in ihren Genen steckt, ist es wahrscheinlich unmöglich, ihr das Jagen gänzlich auszutreiben. Doch die bereits erwähnten Strategien helfen, Ihrer Katze genug Möglichkeiten zum Austoben zu geben, um ihren Jagdtrieb im Freien in Schach zu halten. Die folgenden Ratschläge können ebenfalls helfen:

🐾 **Katzen lieben Abwechslung:** Wir neigen zwar vielleicht dazu, unseren Stubentigern jedes Mal das Gleiche zu servieren, doch sie mögen es eigentlich abwechslungsreich. Je monotoner ihre täglichen Mahlzeiten sind, desto eher gehen sie nach draußen, um nach interessanteren Dingen zu suchen, auf denen sie herumbeißen können. Bringen Sie also etwas mehr Spaß in die Katzenküche und verwöhnen Sie sie mit unterschiedlichen Geschmäckern, Formen und Konsistenzen (zum Beispiel mit unterschiedlichen Sorten von Nass- und Trockenfutter). Manche Katzen sind eindeutig mäkeliger als andere. Da kann es schon einmal etwas länger dauern, bis Sie verschiedene Futtersorten gefunden haben, die auf Wohlwollen stoßen. Achten Sie jedoch auf mögliche Verdauungsprobleme: Manche Vierbeiner reagieren sensibel auf die plötzliche Veränderung ihres Speiseplans.

- **Katzen sind Gourmets:** Bekommen sie also hochwertiges, nährstoffreiches Futter, verspüren sie womöglich weniger das Bedürfnis, ihren Speiseplan draußen durch andere Gartenbewohner zu bereichern.
- **Katzen jagen vor allem in der Dämmerung:** Studien haben gezeigt, dass zumindest in Großbritannien kleine Säugetiere (wie Mäuse) das Lieblingsgericht der Katzen sind, gefolgt von Vögeln. Natürlich gibt es auch Katzen mit exotischeren Gaumen, die andere Beute vorziehen. Die Wahrscheinlichkeit, dass Ihre Katze auf Jagd geht, ist größer, wenn ihre bevorzugte Beute am aktivsten ist. Für den Großteil der Katzen liegt dieser Zeitraum in den frühen Morgen- und Abendstunden. Indem Sie sicherstellen, dass Ihre Katze besonders in dieser Zeit beschäftigt ist (zum Beispiel mit Spielzeugen und interaktiven Futternäpfen), kann ihr Jagdtrieb womöglich in Zaum gehalten werden. Sie können auch versuchen, mit Ihrer Katze draußen zu spielen, um sie vom Jagen abzu-

bringen. Alternativ können Sie sie zu dieser Tageszeit auch im Haus behalten. Seien Sie sich aber darüber im Klaren, dass manche Katzen mit einer Einschränkung ihrer Freiheit besser umgehen als andere.

🐾 **Hungrige Katzen neigen eher zum Jagen, Töten und/oder Auffressen ihrer Beute:** Eine wohlgenährte Katze hat womöglich weniger Motivation, draußen auf Jagd zu gehen, oder zumindest zu töten oder ihre Beute zu fressen. Kleine, regelmäßige Mahlzeiten (idealerweise aus interaktiven Näpfen) oder der unbeschränkte Zugang zu Trockenfutter (längere Haltbarkeit) können das Jagen ebenfalls in Grenzen halten.

Sie haben meistens C angekreuzt – was bedeutet das?

Spielen steht höchstwahrscheinlich nicht ganz oben auf der Prioritätenliste Ihrer Katze. Trotzdem wird sie wohl hin und wieder eine ausgiebige Spieleinheit sehr genießen. Vielleicht braucht sie nur ein wenig Ermutigung von Ihnen, um ihre verspielte Seite etwas mehr zu zeigen. In diesem Fall könnten die folgenden Tipps helfen. Gleichzeitig ist es sinnvoll, Ihre Katze auch in all ihren anderen Bestrebungen zu unterstützen. Werfen Sie hierfür am besten einen Blick auf die Ratschläge auf den Seiten 177–180.

TIPPS UND RATSCHLÄGE

Bei den folgenden Tipps müssen Sie vielleicht Verschiedenes ausprobieren und etwas Geduld mitbringen, um herauszufinden, was bei Ihrer Katze am besten funktioniert. Beobachten Sie Ihre Katze, während Sie die folgenden Techniken testen. Mithilfe der Fragen auf Seite 159 f. lässt sich gut feststellen, auf welche dieser Versuche Ihre Katze am spielerischsten oder raubtierhaftesten reagiert.

- Nehmen Sie ein Spielzeug, das echter Beute ähnelt und sich auch so anfühlt. Testen Sie eventuell Spielzeuge aus, die verschiedene Beutearten nachahmen (zum Beispiel Insekten, Mäuse, Vögel und sogar Reptilien oder Fische!), bis Sie herausfinden, was Ihre Katze am liebsten mag.
- Am besten nehmen Sie Stabspielzeuge, mit denen man mit kurzen, schnellen Bewegungen ein Beutetier simulieren kann (wie beim Versuch auf Seite 161 beschrieben). Manche Katzen »jagen« auch sehr gerne Dinge, die sich versteckt bewegen (zum Beispiel ein Spielzeug unter einem Teppich oder hinter einem Vorhang). Probieren Sie das ruhig auch einmal aus.
- Wenn Sie mit Ihrer Katze spielen, lassen Sie zu, dass sie die Spielzeuge »fängt« und auch »tötet«. So kann sie von ihrem Jagdrepertoire so viel ausführen wie möglich. So stellen Sie auch sicher, dass Ihre Katze nicht frustriert ist, weil sie den letzten Teil ihrer Jagd nicht beenden konnte. Aus diesem Grund ist es auch keine gute Idee, Ihre Katze mit einem Laserpointer zu bespielen. Es sei denn, Sie werfen ihr dabei hin

und wieder ein paar Leckerli oder ein kleines Fellspielzeug hin, was sie »fangen« kann.
- Ihre Katze sollte sowohl Spielzeuge haben, mit denen sie allein spielen kann, als auch interaktive Spielzeuge (die Sie bedienen). Manchen Katzen macht beides Spaß, andere wiederum ziehen das eine dem anderen vor.
- Probieren Sie es auch einmal mit Spielzeugen, die mit Katzenminze oder Baldrian gefüllt sind – das regt die Sinne Ihrer Katze zusätzlich an.
- Tauschen Sie die Spielzeuge regelmäßig aus und führen Sie auch neue ein. In der freien Wildbahn wäre jeder Jagdversuch recht schnell vorbei, daher haben manche Katzen kein besonderes Interesse daran, immer wieder dieselbe Beute (bzw. dasselbe Spielzeug) zu jagen. Studien lassen darauf schließen, dass sich die Spieleinheit der Katze verlängert, wenn sich die Form und das Aussehen des Spielzeugs oft ändern. Wenn ein Spielzeug keinen Anklang findet, ist es besser, es sofort auszutauschen, anstatt Ihre Katze zu nerven, indem Sie es ihr ständig vor die Nase halten.
- Versuchen Sie, mit Ihrer Katze zu spielen, wenn sie im Garten ist. Dort sind ihre Sinne geschärft, was ihre Lust zu spielen vielleicht fördert.

Sie haben meistens D oder E angekreuzt – was bedeutet das?

Zweifelsohne sind Sie sich darüber im Klaren, dass Ihre Katze wahrscheinlich nicht die verspielteste oder raubtierhafteste ihrer Art ist – das Gegenteil ist eher der Fall. Möglicherweise entspricht das einfach nicht ihrem Charakter. Vielleicht hat Ihre Katze ja auch eine Reihe von anderen Hobbys, die sie beschäftigt und aktiv halten (wie zum Beispiel ungebeten in Ihre Scrabble-Partie hereinzuplatzen, Ziegel vom Dach fliegen zu lassen oder mit ihren Vorderpfoten Dinge vom Couchtisch zu schmeißen). Vielleicht zieht sie auch ein ruhigeres Dasein vor und ist damit zufrieden, in der Gegend herumzuschlendern oder in der Sonne zu faulenzen. Es gibt allerdings auch noch andere Erklärungen, warum sich Ihre Katze nicht so verhält wie ihre wilden Verwandten. Zum Beispiel:

- Ihre Katze fühlt sich gestresst oder ist unglücklich. Wenn sie häufig ängstlich ist oder sich im Haus unwohl fühlt, wird ihre persönliche Sicherheit ihr höchstwahrscheinlich wichtiger sein als nicht essenzielle Dinge wie Spiel und Abenteuer.
- Ihre Katze könnte krank sein oder Schmerzen haben. In beiden Fällen ist es unwahrscheinlich, dass sie Lust hat zu spielen. Wenn Ihre Fellnase eigentlich immer gerne gespielt hat und plötzlich kaum noch Interesse zeigt, könnte dem ein gesundheitliches Problem zugrunde liegen.
- Möglicherweise ist Ihre Katze einfach nicht mehr die Jüngste. Wenn Katzen altern, lassen sie es meist etwas ruhiger angehen (genau wie wir!). Hauskatzen leben meist sehr viel län-

ger als ihre wilden Artgenossen, doch dies bringt auch eine Reihe altersbedingter Krankheiten mit sich. Ältere Katzen (ab zehn Jahren) leiden zum Beispiel häufig an Arthritis, was die Gelenke steif und Bewegungen schmerzhaft macht. Ihre Freude am Spiel nimmt also ab.

- Ihre Katze benötigt eventuell einfach mehr Zuspruch oder hat speziellere Bedürfnisse als die Durchschnittskatze, vielleicht hilft ein besonderes Spielzeug oder die richtige Weise, damit zu spielen.
- Es kann auch sein, dass Ihre Katze sich ihren Kick auf andere Weise holt, zum Beispiel indem sie im Garten auf Entdeckungsreise geht oder den Hund piesackt.
- Auch die Rasse Ihrer Katze hat einen Einfluss auf ihr Spielverhalten. Jüngste Untersuchungen lassen vermuten, dass Katzen mit ungewöhnlichen Gesichtszügen, zum Beispiel einem sehr flachen, runden Gesicht mit kurzer Nase (auch »Brachycephalie« genannt), an Atemproblemen leiden könnten. Das könnte bedeuten, dass Ihre Katze zwar Lust aufs Spielen und Entdecken hat, allerdings schnell außer Atem gerät und nicht so viel machen kann, wie sie vielleicht gerne würde.
- Ihre Katze fühlt sich womöglich nicht wohl in Ihrer Nähe oder der von anderen Menschen. Wenn Sie allerdings den Eindruck haben, dass Ihre Katze nicht sonderlich viel von Menschen hält (siehe Test auf den Seiten 15–40), ist es denkbar, dass sie sich einfach nicht wohl genug fühlt, um ihre raubtierhafte, verspielte Seite in Ihrer Nähe zu zeigen.

TIPPS UND RATSCHLÄGE

Konnten Sie ausmachen, welcher der oben genannten Gründe für die Spiellustlosigkeit Ihrer Katze am wahrscheinlichsten ist? Gibt es etwas, was Sie diesbezüglich tun können? Wenn Sie zum Beispiel glauben, dass Ihr Stubentiger gestresst ist, machen Sie am besten den Test auf den Seiten 178–214 und erfahren Sie mehr darüber, worauf Sie achten müssen und wie Sie ihm helfen können. Bei Erkrankungen wie Arthritis können Schmerzmittel dabei helfen, das Aktivitätslevel Ihrer Katze wieder hochzufahren. Lässt sich Ihre Katze einfach nicht zum Spielen bewegen, obwohl Sie alles so aufregend wie möglich gestaltet haben, lohnt es sich, andere Wege auszuprobieren, um sie geistig und körperlich zu stimulieren (auf den Seiten 177–180 finden Sie Vorschläge dazu). Für Katzen, die sich in Gegenwart von Menschen generell unwohl fühlen, könnte der Zugang zu einem anregenden Außenbereich essenziell sein, um ihre raubtierhafte/verspielte Natur ausreichend ausleben zu können.

GUT ZU WISSEN

In der freien Wildbahn verbringen Katzen sehr viel Zeit damit, auf der Suche nach potenzieller Beute ihre Umgebung zu durchkämmen. Tatsächlich nimmt diese Tätigkeit bei freilebenden Katzen bis zu 50 Prozent ihrer Zeit ein. Auf der Suche nach Beute kommen all ihre Sinnesorgane, die perfekt aufeinander abgestimmt sind, zum Einsatz.

Die Ohren Ihrer Katze sind im Grunde zwei kleine Fellsatelliten, die Beute genauestens lokalisieren können, und zwar nur aufgrund von Geräuschen. Katzen haben einen außergewöhnlichen Hörbereich und können sogar die Ultraschallgeräusche wahrnehmen, die Mäuse und Ratten von sich geben.

Außerdem haben sich ihre Augen an schwaches Umgebungslicht angepasst (zum Beispiel in der Dämmerung), da dies die aktivste Zeit ihrer bevorzugten Beutetiere ist. Katzenaugen sehen am schärfsten in die Weite. Ist die Beute nahe, setzen sie ihre Schnurrhaare als winzige Messfühler ein, um das Tier schneller zu lokalisieren.

Katzen können ihren Geruchssinn auch dazu einsetzen, Erdhöhlen zu finden. Dabei helfen ihnen die Urinspuren, die Nager beim Betreten und Verlassen ihrer Höhlen hinterlassen.

Zu guter Letzt sind auch die Fang- bzw. Eckzähne der Katzen mit speziellen Sensoren ausgestattet, damit sie genau bestimmen können, wo sie für den perfekten Tötungsbiss ansetzen müssen.

Das ist alles ganz schön beeindruckend, oder? Kein Wunder also, dass unsere wohlgenährten Stubentiger noch immer sehr gerne aufstöbern und vernichten.

TEIL 4:
EINE GLÜCKLICHE KATZE

In diesem Teil:

Wie glücklich ist Ihre Katze?

Wie geht Ihre Katze mit Veränderungen um?

WIE GLÜCKLICH IST IHRE KATZE?

Jeder verantwortungsbewusste Katzenhalter möchte natürlich, dass seine Katze so glücklich und zufrieden ist wie möglich. Das Wohlbefinden Ihrer Katze ist die wichtigste Zutat in einer harmonischen Katzen-Mensch-Beziehung. Eine gestresste, unglückliche oder kranke Katze ist kein guter Kuschelgefährte. Ganz wie beim Menschen hängt das Wohlbefinden Ihrer Katze von einer Reihe von Faktoren ab:

- **Ihrem Charakter:** Die Persönlichkeit Ihrer Katze hat einen Einfluss darauf, wie sie die Welt betrachtet, was ihr Freude macht und womit sie umgehen kann. Zum Beispiel genießt es eine selbstsichere, entspannte und zutrauliche Katze womöglich am meisten, auf engem Raum mit Menschen zusammenzuleben. Ebenso kann sie wahrscheinlich viel besser mit all den Herausforderungen umgehen, die das Leben als Haustier mit sich bringt, als eine ängstliche, übernervöse oder abweisende Katze.
- **Ihren bisherigen Erfahrungen:** Zum Beispiel ist eine Katze, die bereits einen stressigen Umzug durchlebt hat, womöglich sensibler und wird schnell nervös, wenn Sie mit großen Kartons hantieren.
- **Ihrer Umgebung:** Dass Ihre Katze in einer Umgebung lebt, die alle ihre Bedürfnisse stillt, ist essenziell. Es gibt grundlegende Bedürfnisse, die bei allen Katzen ähnlich sind. Welche

Priorität sie jeweils haben, ist jedoch Charaktersache. Zum Beispiel ist einer ängstlichen Katze womöglich ihre Sicherheit wichtiger als einer wagemutigen, selbstsicheren Katze, die eher nach Abenteuer und Nervenkitzel sucht.

- **Ihrer körperlichen Gesundheit:** Wenn Ihre Katze krank ist oder Schmerzen hat, fühlt sie sich möglicherweise sehr unwohl. Das kann ihr auch den Spaß nehmen, den sie normalerweise an ihrer Umgebung hat.
- **Ihrer psychischen Verfassung:** Die psychische Verfassung Ihrer Katze entscheidet letztendlich darüber, wie sie ihre Situation wahrnimmt. Wenn es um das grundsätzliche Wohlbefinden Ihrer Katze geht, ist das der wichtigste Faktor.

Damit es Katzen gut gehen kann, brauchen sie viele positive Erfahrungen, gleichzeitig dürfen sie keine (oder nur sehr wenige) negative Erfahrungen machen. Genau wie wir Menschen reagieren auch Katzen unterschiedlich auf Stress. Die Art und Weise, wie eine Katze ihre Gefühle ausdrückt, hängt stark von den Stress auslösenden Faktoren, möglichen Gesundheitsproblemen und ihrem Charakter ab. Die ersten Anzeichen eines angeschlagenen Wohlbefindens können leicht übersehen werden. Man geht davon aus, dass das ein Überbleibsel ihrer wilden Verwandtschaft ist, die sich auch etwas kryptisch verhält, wenn es um Schmerzen und Krankheiten geht. Eine stoische Haltung ist wahrscheinlich von Vorteil, da sie so nicht wie leichte Beute wirken und anderen Wildkatzen gegenüber, die ihnen ihr Revier streitig machen wollen, keine Schwäche zeigen. Während manche Katzen äußerst lautstark ihre Gefühle ausdrücken, sind andere sehr viel introvertierter und leisten sich kaum ein Miau.

Bei der Konzipierung des folgenden Tests wurden diese Unterschiede im Verhalten der Katzen berücksichtigt. Die Fragen sollen Ihnen dabei helfen herauszufinden, wie es Ihrer Katze generell geht. Hier ist es besonders wichtig zu wissen, wonach man Ausschau halten muss (auch in Bezug auf subtile Anzeichen). Sollten Sie jemals daran zweifeln, dass Ihre Katze gesund ist, empfiehlt sich immer ein Besuch beim Tierarzt, eventuell gefolgt von einer Konsultation durch einen qualifizierten, auf Katzen spezialisierten Verhaltensberater.

Anzeichen für eine entspannte, zufriedene oder positiv aufgeregte Katze: Haben Sie eine oder mehrere dieser Verhaltensweisen kürzlich beobachten können?

(Zutreffendes ankreuzen, mehrere Kreuze möglich)

○ Sie nimmt eine entspannte Haltung ein, es sind keine Zeichen von körperlicher Anspannung zu erkennen.
○ Sie liegt auf der Seite und entblößt ihren hochheiligen Bauchbereich.
○ Eingerollt schläft sie tief und fest, auch wenn sie weiß, dass Sie sie womöglich beobachten.
○ Ihr Schwanz zeigt kerzengerade nach oben oder wiegt sich sanft in der Luft, als würde sie an einer unsichtbaren Harfe zupfen.
○ Sie hat einen entspannten Gesichtsausdruck, ihre Ohren zeigen nach vorne. Es sieht fast so aus, als würde sie lächeln.
○ Ihre Augen sind halb geschlossen, so, als würde sie gerade ein schönes Musikstück genießen.
○ Sie beobachtet aufmerksam ihre Umgebung, wirkt aber nicht angespannt oder nervös. Ihre Augen sind vielleicht rund, doch ihre Ohren sollten aufgestellt und hauptsächlich nach vorne gerichtet sein.

WIE HÄUFIG KONNTEN SIE DIESE VERHALTENSWEISEN BEOBACHTEN?

A. Eigentlich immer – Ihre Katze scheint wirklich gerne mit Ihnen zu leben!

B. Recht häufig.

C. Hin und wieder, besonders wenn es ruhig ist im Haus.

D. Selten.

E. Nie.

Anzeichen für eine angespannte, nervöse oder ängstliche Katze: Haben Sie eine oder mehrere dieser Verhaltensweisen kürzlich beobachten können?

(Zutreffendes ankreuzen, mehrere Kreuze möglich)

- ○ Sie blinzelt, schüttelt ihren Kopf oder Körper, leckt sich an der Nase – ein Versuch, ihr Hirn auf Streicheln zu programmieren.
- ○ Sie beschließt plötzlich, dass sie sehr schmutzig ist, und stürzt sich in eine kurze, hektische Putzsession.
- ○ Sie erstarrt und versucht, so gut wie möglich, eine Statue zu imitieren.
- ○ Sie blinzelt übertrieben oft, schleckt sich vielleicht auch ihre Nase oder »schluckt« sichtbar.
- ○ Sie wirkt nervös und reagiert verschreckt auf plötzliche Geräusche oder Bewegungen.
- ○ Alle vier Pfoten haben feste Bodenhaftung, damit sie jeden Moment davonspringen kann.
- ○ Sie versucht, sich zu verstecken, springt auf einen Hochsitz oder flitzt von einem Raum zum nächsten, wenn sie gestört oder erschreckt wird.
- ○ Sie nimmt eine angespannte, kauernde Haltung ein, alle Gliedmaßen sind an den Körper gepresst, das Köpfchen ist eingezogen und der Hals verschwunden.
- ○ Ihr Kopf ist zu einer Seite gedreht oder zum Boden gerichtet.

- ○ Sie nimmt eine defensive Haltung ein: Sie lehnt sich zurück und hält die Vorderpfoten bereit, um jederzeit jemandem eine zu verpassen.
- ○ Sie faucht und versetzt defensiv Hiebe.
- ○ Ihr Gesicht ist angespannt, die Augen sind rund und stark geweitet. Ihre Pupillen sind so riesig wie zwei große schwarze Untersetzer.
- ○ Ihre Ohren sind leicht nach hinten gedreht und/oder nach unten abgeflacht.
- ○ Ihre Ohren liegen so flach am Kopf an, als wären sie plötzlich verschwunden.
- ○ Sie hält ihren aufgeplusterten Schwanz entweder gerade nach oben oder gekrümmt und macht einen Buckel (denken Sie an die typische »Halloween-Katze«).
- ○ Sie macht einen Moonwalk oder läuft seitlich, wobei sie im »Halloween-Katzen-Modus« ist.

WIE HÄUFIG KONNTEN SIE DIESE VERHALTENSWEISEN BEOBACHTEN?

A. Nie.

B. Selten.

C. Hin und wieder, aber nur, wenn es zu Hause insgesamt schwierig war.

D. Häufig.

E. Fast immer.

Anzeichen für eine genervte oder frustrierte Katze: Haben Sie eine oder mehrere dieser Verhaltensweisen kürzlich beobachten können?

(Zutreffendes ankreuzen, mehrere Kreuze möglich)

- ○ Sie miaut exzessiv.
- ○ Sie wirkt rastlos oder aufgeregt.
- ○ Sie läuft unruhig umher oder zeigt andere repetitive Verhaltensweisen im Haus.
- ○ Ihr Fell zuckt und rollt sich, als wäre sie von unsichtbaren Feinden geplagt, und ist vielleicht auch leicht gesträubt.
- ○ Sie wetzt ihre Krallen ausgiebig an Möbeln oder Teppichen.
- ○ Ihre Augen sind leicht verengt, ihre Pupillen vielleicht klein.
- ○ Ihr Gesicht wirkt angespannt, ihre Schnurrhaare sind eventuell nach vorne gerichtet.
- ○ Sie dreht ihre Ohren nach hinten.
- ○ Ihr Schwanz geht auf »halbmast«, vielleicht nimmt er auch die Form einer wütenden Schlange an, wedelt wild hin und her oder peitscht immer wieder auf den Boden.
- ○ Ihre Haltung ist angespannt und ihr Gewicht nach vorne verlagert.
- ○ Sie verhält sich Ihnen, anderen Familienmitgliedern oder Gästen gegenüber aggressiv (zum Beispiel knurrt sie, jault, faucht, beißt, schlägt oder greift an).
- ○ Sie greift plötzlich an, anscheinend grundlos.

○ Sie verhält sich gegenüber anderen Tieren im Haus aggressiv.

WIE HÄUFIG KONNTEN SIE DIESE VERHALTENSWEISEN BEOBACHTEN?

A. Nie.

B. Selten.

C. Hin und wieder, aber nur, wenn es zu Hause insgesamt schwierig war.

D. Häufig.

E. Fast immer.

Wie viele der folgenden Aktivitäten machen Ihrer Katze Spaß?

Mahlzeiten einnehmen – gestreichelt werden – mit ihren Menschen Zeit verbringen – Gäste begrüßen – den Garten erkunden – in der Sonne liegen – mit Spielzeugen spielen – an warmen Orten dösen

A. Alle.

B. Die meisten.

C. Viele.

D. Ein paar davon, gelegentlich.

E. Keine.

Das macht Ihre Katze ängstlich oder nervös:

A. Nichts, es sei denn, ihre Lieblingsleckerli sind alle.

B. Nur das Übliche, wie der Staubsauger, laute Kleinkinder, Hunde etc.

C. Jede Unruhe oder Störung im Haus.

D. Fast alles, sie scheint immer in höchster Alarmbereitschaft zu sein.

E. Absolut alles – es scheint fast so, als hätte sie Angst vor ihrem eigenen Schatten.

Ihre Katze ist genervt und frustriert von:

A. Ihre Katze ist viel zu »zen«, um genervt zu sein.

B. Nicht viel, außer vielleicht, wenn sie nach draußen gehen will und die Katzenklappe zu ist oder klemmt.

C. Ein paar Sachen, besonders wenn sich gerade sehr viel um sie herum verändert oder wenn Sie vergessen, sie zu füttern oder zu streicheln.

D. Vielen Dingen, besonders wenn Sie sie enttäuschen, indem Sie vergessen, wer im Haus die Hosen anhat.

E. So ziemlich allem.

Körperliche Symptome von Stress: Haben Sie eines oder mehrere dieser Anzeichen kürzlich bei Ihrer Katze beobachten können?

(Zutreffendes ankreuzen, mehrere Kreuze möglich)

- ○ Durchfall.
- ○ Erbrechen.
- ○ Pica (das Fressen von unverdaulichen Dingen wie Katzenstreu, Schnüren oder Wolle).
- ○ Appetitlosigkeit oder weniger Appetit als normalerweise.
- ○ Übermäßiges Trinken oder Fressen.
- ○ Plötzliche Gewichtszunahme oder Gewichtsabnahme.
- ○ Übertriebene oder nachlässige Fellpflege.
- ○ Ein ungewöhnlich unregelmäßiger Besuch des Katzenklos (Urin und/oder Stuhl).
- ○ Stubenunreinheit (zum Beispiel hinter dem Sofa, unter oder auf dem Bett).
- ○ Das Versprühen von Urin auf Möbeln und anderen Gegenständen im Haus.
- ○ Eine laufende Nase und tränende Augen (zum Beispiel ein Katzenschnupfen).
- ○ Häufiger Toilettengang und schwieriges Wasserlassen, mit Schmerzen oder Blut im Urin (zum Beispiel eine Blasenentzündung).
- ○ Lange Rekonvaleszenz nach einer Erkrankung, Verschlimmerung der Symptome oder Rückfall nach Genesung (zum Beispiel durch ein geschwächtes Immunsystem).

WIE HÄUFIG KONNTEN SIE DIESE ANZEICHEN BEOBACHTEN?

A. Nie.

B. Ein- oder zweimal, aber es war schnell wieder gut.

C. Hin und wieder, aber nur, wenn es zu Hause insgesamt schwierig war.

D. Häufig.

E. Fast immer.

Wie ist die aktuelle Statur Ihrer Katze?
(Siehe auch die Abbildungen auf der nächsten Seite)

A. Athletisch, mit einer sichtbaren Taille hinter den Hüften und kaum Bauch.

B. Schlank, allerdings mit ein paar weichen Stellen.
ODER: sehr durchtrainiert, mit definierter Taille.

C. Eher etwas pummelig: keine definierte Taille. Die Rippen verstecken sich unter einer großzügigen Speckschicht.
ODER: sehr schlank, definierte Taille. Die Rippen kann man gut erfühlen.

D. Wie bei einem Couch-Potato: Taille oder Rippen nicht sichtbar, dafür aber ein großer Bauch.
ODER: wie bei einem Diätfreak, Rippen sichtbar, kaum Muskelmasse, Bauch eingezogen.

E. Aus der Vogelperspektive wie ein Wasserball mit Fell: Sie hat einen sehr großen, aufgeblähten Bauch.
ODER: Extrem dünn und knochig, die Rippen sind deutlich zu sehen (bei Kurzhaarkatzen).

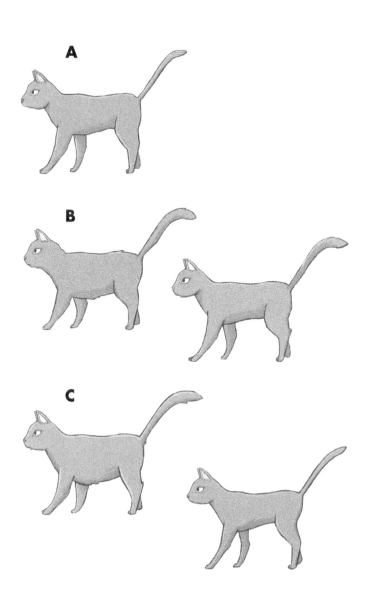

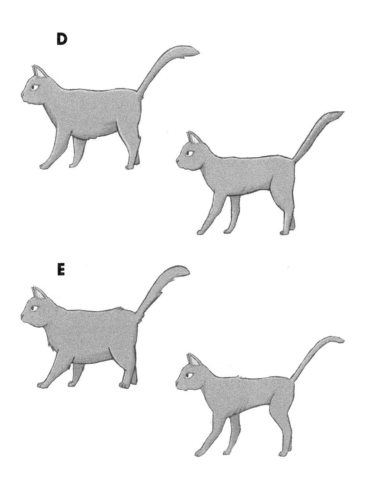

Das Fell Ihrer Katze ist aktuell:

A. Wie in einer Shampoo-Werbung: weich, seidig, glänzend und gesund.

B. Es sieht recht gesund aus, nur hier und da gibt es ungepflegte Stellen (zum Beispiel matt, kahl, etwas Schuppen, fettig).

C. Oft an manchen Stellen etwas ungepflegt.

D. Immer an manchen Stellen etwas ungepflegt.

E. Wie das »Davor-Beispiel« in einer Shampoo-Werbung (viele matte oder kahle Stellen, viele Schuppen, sehr fettig).

Verhaltensweisen, die auf Stress hindeuten: Haben Sie eine oder mehrere davon kürzlich bei Ihrer Katze beobachten können?

(Zutreffendes ankreuzen, mehrere Kreuze möglich)

- ○ Sie weicht irgendwie von ihrem gewöhnlichen Verhaltensmuster oder ihren Routinen ab.
- ○ Sie meidet das Haus zu bestimmten Tageszeiten (zum Beispiel, wenn am meisten los ist).
- ○ Sie meidet zu bestimmten Zeiten bestimmte Zimmer oder Bereiche im Haus.
- ○ Sie kommt nur ungern ins Haus oder verlässt es sehr ungern.
- ○ Sie versteckt sich oft.
- ○ Sie reagiert stärker als sonst auf alles, was um sie herum passiert (ist zum Beispiel nervöser oder schreckhafter als sonst oder schläft weniger und ruht sich weniger aus).
- ○ Sie reagiert kaum noch auf das, was um sie herum passiert (ist zum Beispiel weniger nervös und schreckhaft als sonst).
- ○ Sie verliert das Interesse an Dingen, die ihr sonst Freude machen, wie Leckerli, Spielen oder Kuscheln.
- ○ Sie wirkt ruhig, zurückgezogen oder lethargisch, womöglich schläft sie mehr als sonst.
- ○ Sie scheint mehr an Ihnen oder anderen Familienmitgliedern zu hängen, will ständig mit Ihnen interagieren oder fordert Aufmerksamkeit ein.

○ Sie zieht sich von Ihnen oder anderen Familienmitgliedern zurück und hat an Interaktion kein Interesse mehr.

WIE HÄUFIG KÖNNEN SIE DIESE VERHALTENSWEISEN BEOBACHTEN?

A. Nie.

B. Selten.

C. Hin und wieder, aber nur, wenn zu Hause insgesamt viel los ist.

D. Häufig.

E. Fast immer.

Symptome von Schmerzen oder Krankheiten: Haben Sie eines oder mehrere dieser Anzeichen kürzlich bei Ihrer Katze beobachten können?

(Zutreffendes ankreuzen, mehrere Kreuze möglich)

- ○ Sie isst und/oder trinkt weniger oder mehr.
- ○ Sie nimmt schnell ab oder zu.
- ○ Sie hat Probleme oder Schmerzen auf dem Katzenklo (beim Wasserlassen und/oder beim Stuhlgang).
- ○ Sie leidet an Erbrechen und/oder Durchfall.
- ○ Bestimmte Stellen ihres Körpers sind empfindlich. (Vielleicht jault Ihre Katze, beißt oder schlägt nach Ihnen, wenn Sie versuchen, diese Stellen zu berühren.)
- ○ Sie putzt sich insgesamt weniger oder an einer Körperstelle exzessiv.
- ○ Sie wirkt lahm.
- ○ Sie bewegt sich weniger und ist insgesamt weniger aktiv.
- ○ Sie vermeidet anstrengende Bewegungen wie das Hochspringen.
- ○ Sie versteckt sich und meidet generell Menschen/andere Tiere.
- ○ Sie ist launisch oder leicht reizbar.
- ○ Sie ist lethargisch, depressiv oder zurückgezogen und zeigt weniger Interesse an Dingen, die ihr vorher Spaß gemacht haben.
- ○ Sie macht häufig unangenehme oder dringlich klingende Laute. (Sie miaut, stöhnt, faucht, knurrt, jault.)

○ Sie nimmt oft plötzlich eine kauernde oder buckelige Haltung an, wirkt angespannt und senkt den Kopf und den Blick.
○ Ihre Ohren sind flach an ihr Köpfchen gepresst, der Nasenbereich ist angespannt, Augen sind zusammengekniffen, Wangen und Schnurrhaare wirken angespannt oder zusammengepresst.

WIE VIELE DIESER SYMPTOME HABEN SIE KÜRZLICH BEOBACHTET?

A. Definitiv keins davon.

B. Mit großer Sicherheit keins davon.

C. Eines dieser Symptome.

D. Zwei dieser Symptome.

E. Mehr als zwei dieser Symptome.

Welche dieser Waagen entspricht den Erfahrungen Ihrer Katze am ehesten?

Positive Erfahrungen: Freude, positive Aufregung, Entspannung, Zufriedenheit, Spiel, Entdeckungen
Negative Erfahrungen: Angst, Nervosität, Frust, Wut, Schmerzen, Unwohlsein, Stress, Kummer

A. Ihre Katze macht *sehr viel mehr* positive als negative Erfahrungen.

B. Ihre Katze macht *mehr* positive als negative Erfahrungen.

C. Ihre Katze macht *genauso viel* positive wie negative Erfahrungen.

D. Ihre Katze macht *mehr* negative als positive Erfahrungen (allerdings können Sie dagegen wahrscheinlich etwas tun).

E. Ihre Katze macht *sehr viel mehr* negative als positive Erfahrungen (und Sie sind sich nicht sicher, ob Sie dagegen etwas tun können).

AUSWERTUNG DES KATZEN-PERSÖNLICHKEITSTESTS

Sie haben meistens A oder B angekreuzt – was bedeutet das?

Alle Zeichen deuten darauf hin, dass es Ihrem kostbaren Katzenkumpel gerade ziemlich gut geht. Um sein allgemeines Wohlbefinden ist es gut bestellt, und er hat wahrscheinlich viel Freude am Leben. Es sieht außerdem so aus, als seien alle Grundbedürfnisse Ihrer Katze ausreichend gestillt. Nichtsdestotrotz: Wenn wir eines über unsere geheimnisvollen Stubentiger wissen, dann, dass sich das sehr schnell ändern kann. Außerdem ist es oft auch recht schwierig, die subtilen ersten Anzeichen von Stress oder Schmerzen zu erkennen. Daher ist es wichtig, dass Sie Ihre Katze genau im Auge behalten, um ein verändertes Aussehen oder Verhalten zu bemerken. Das ist besonders dann notwendig, wenn im Haus mehr los ist als normalerweise oder sich gerade viel verändert.

Sie haben meistens C angekreuzt – was bedeutet das?

Bei Ihrer Katze halten sich die guten und die schlechten Erfahrungen in der Balance. Ihr Wohlbefinden lässt sich also eindeutig noch steigern, denn idealerweise sollten die positiven Erfahrungen überwiegen. Ihre Katze ist womöglich eine recht sensible Seele und braucht einfach etwas mehr Unterstützung von Ihnen, damit ihre Bedürfnisse auch wirklich alle gestillt sind. Eventuell sind es auch ihre aktuellen Lebensumstände, die sie in Stress versetzen. In diesem Fall sind möglicherweise große Veränderungen notwendig, damit es für Ihre Katze besser läuft.

Wenn Ihre Katze nicht sehr glücklich ist, kann das auch einen Einfluss auf Ihre Beziehung zu ihr haben. Studien haben gezeigt, dass Stress und Krankheiten stark auf den Charakter eines Tieres und sein Verhalten gegenüber Menschen einwirken können. Je schlechter es Ihrer Katze geht oder je stärker ihre Schmerzen sind, desto geringer ist die Wahrscheinlichkeit, dass sie Zeit mit Ihnen verbringen oder schmusen will. Um die Grundbedürfnisse von Katzen und ihre Prioritäten etwas besser zu verstehen, lesen Sie die Tipps und Ratschläge ab Seite 206. Die Bedürfnisse 2 bis 4 sind womöglich die, auf die Sie sich besonders konzentrieren sollten. Außerdem ist ein Besuch beim Tierarzt immer eine gute Idee, um eine Erkrankung auszuschließen, eventuell gefolgt von einer Konsultation durch einen qualifizierten, auf Katzen spezialisierten Verhaltensberater.

Sie haben meistens D oder E angekreuzt – was bedeutet das?

Alle Zeichen deuten darauf hin, dass mit Ihrer kleinen flauschigen Freundin etwas nicht stimmt. Sie ist eindeutig nicht die glücklichste aller Katzen und braucht auf jeden Fall Ihre Hilfe, wenn sich daran etwas ändern soll. Wahrscheinlich empfindet sie ihr Leben als recht herausfordernd, obwohl die Gründe dafür je nach Katze variieren können. Eine Gemeinsamkeit aller »D«- und »E«-Katzen ist jedoch, dass manche oder alle ihrer Grundbedürfnisse nicht gestillt werden. Daher sollte der Fokus nun darauf liegen, diese zu befriedigen. Wenn Sie das Gefühl haben, dass die Bedürfnisse Ihrer Katze in ihrer jetzigen Situation einfach nicht ausreichend gedeckt werden können, dann ist es vielleicht das Beste für sie, sie in eine passendere Umgebung umzuquartieren. Um mehr über die Bedürfnisse und Prioritäten Ihrer Katze zu erfahren, lesen Sie die folgenden Ratschläge. Die Bedürfnisse 1 bis 3 sind womöglich die, auf die Sie sich konzentrieren sollten. Außerdem ist ein Besuch beim Tierarzt immer eine gute Idee, um eine zugrundeliegende Erkrankung auszuschließen, eventuell gefolgt von einer Konsultation bei einem qualifizierten, auf Katzen spezialisierten Verhaltensberater.

Tipps und Ratschläge für alle Katzen

Sie können Ihrer Katze ein hohes Maß an Wohlbefinden ermöglichen, wenn Sie einerseits sicherstellen, dass all ihre Grundbedürfnisse befriedigt werden, und andererseits herausfinden, welche Bedürfnisse zu welcher Zeit für sie die höchste Priorität haben. Hilfreich ist dabei, sich die Bedürfnisse Ihrer Katze in einer Pyramide oder Hierarchie vorzustellen, bei der sich die wichtigsten oder grundlegendsten Bedürfnisse ganz unten befinden. Sind die untersten Bedürfnisse ausreichend gedeckt, werden jene darüber zur Priorität Ihrer Katze. So geht es, bis man an der Spitze angelangt ist. Bei Hauskatzen konzentrieren sich die Bedürfnisse wahrscheinlich in vier Kernbereichen, die für ihre Zufriedenheit und Gesundheit alle eine wichtige Rolle spielen. Auf welcher Stelle der Pyramide Ihre Katze aktuell »sitzt«, hängt sowohl von ihrem Charakter als auch von ihrem momentanen Wohlbefinden ab, allerdings ist es bei einer Katze mit schlechterem Wohlbefinden wahrscheinlicher, dass sie sich nahe am Boden der Pyramide befindet.

Positive Stimulation
Die Katze hat ständigen Zugang zu Dingen in ihrer Umgebung, was sie zufrieden und beschäftigt hält. Zum Beispiel: ein anregender Außen- und Innenbereich, Spielzeuge, interaktive Futternäpfe, Kletter- und Entdeckungsmöglichkeiten. Für zutrauliche Katzen: Aufmerksamkeit von Menschen. Für Katzen mit starker Bindung zu anderen Tieren: Interaktion mit diesen Tieren.

Eine vorhersehbare und stabile Umgebung
Der Tagesablauf der Katze sollte ausreichend vorhersehbar sein, ihre Umgebung ruhig und stabil. Sie kann antizipieren, wann und wie Dinge passieren, und sie hat das Gefühl, über ihr Leben zu bestimmen.

Geborgenheit und sicherer Zugang zu Ressourcen
Die Katze kann sich aus Situationen ziehen, die ihr Angst machen oder unangenehm sind. Sie hat das Gefühl, freien Zugang zu ihren wichtigen Ressourcen zu haben (wie Futter, Wasser, Katzenklo, Verstecke, Hochsitze, Ruhe- und Schlafplätze, Garten, Spielzeuge, Kratzbaum, Kuscheleinheiten).

Grundlegende körperliche Bedürfnisse
Die Katze bekommt täglich hochwertiges Futter, frisches Wasser und hat angenehme Plätze zum Ausruhen und Schlafen. Wasserlassen und Stuhlgang funktionieren gut, sie ist körperlich gesund (keine Schmerzen, Verletzungen oder Krankheiten).

BEDÜRFNIS 1 – GRUNDLEGENDE KÖRPERLICHE BEDÜRFNISSE

Die wichtigsten Grundbedürfnisse Ihrer Katze sind: eine gute Ernährung, ein angenehmes Umfeld, ein entspannter Toilettengang und ein gesunder Körper ohne Schmerzen, Verletzungen oder Krankheiten. Wenn Sie die Sorge haben, dass Ihrer Katze etwas davon fehlt, dann sind das gute Ideen:

- 🐾 Bringen Sie Ihre Katze für eine Kontrolluntersuchung zum Tierarzt.
- 🐾 Wenn sie aktuell gegen eine Erkrankung behandelt wird, achten Sie besonders darauf, wie es ihr geht, um sicherzustellen, dass ihr die Behandlung auch wirklich hilft.
- 🐾 Vergewissern Sie sich, dass sie jeden Tag freien Zugang zu vollwertiger Katzennahrung und frischem Trinkwasser hat. Manche Katzen haben eine Vorliebe für Nassfutter, Trockenfutter oder eine Mischung, doch die meisten mögen abwechslungsreiches Futter (zum Beispiel unterschiedliche Geschmacksrichtungen, Konsistenzen, Formen oder Häppchengrößen). Die meisten Katzen werden bei muffig riechendem Futter, einem dreckigen Fressnapf oder schal gewordenem Wasser die Nase rümpfen. Und manche Katzen ziehen es vor, Regenwasser oder Wasser von einem Katzenbrunnen oder einem tropfenden Wasserhahn zu trinken.
- 🐾 Stellen Sie sicher, dass Ihre Katze warme Plätze zum Ausruhen und Schlafen hat. Die Körpertemperatur von Katzen ist etwas höher als unsere (ungefähr 38–39 Grad Celsius). Das bedeutet nicht nur, dass sie etwas höhere Temperaturen er-

tragen als wir, sie bevorzugen sie in der Regel auch. Sehr junge, alte, kleine, kranke Katzen oder solche ohne Fell werden eine konstante Wärmequelle besonders zu schätzen wissen. Eine spezielle Heizdecke für Tiere ist möglicherweise ideal, besonders im Winter und zu Tageszeiten, in denen die Temperatur im Haus fällt (zum Beispiel über Nacht).

- 🐾 Katzen schlafen besser auf weichen, gemütlichen Oberflächen. Versorgen Sie sie also mit vielen warmen, flauschigen Decken und Schlafplätzen. Noch einmal: Das gilt besonders für alte, gebrechliche und kranke Katzen.

BEDÜRFNIS 2 – GEBORGENHEIT UND SICHERER ZUGANG ZU RESSOURCEN

Sind die körperlichen Grundbedürfnisse Ihrer Katze ausreichend befriedigt, sollte die nächste Priorität sein, dass sie sich sicher fühlt und ihr die wichtigsten Ressourcen zur Verfügung stehen (Futter, Wasser, Katzenklo, Verstecke, Hochsitze, Ruhe- und Schlafplätze, Spielzeuge, Katzenklappe, Kratzbaum, Kuscheleinheiten etc.). Wenn Sie befürchten, dass Ihrer Katze diesbezüglich etwas fehlt, können Sie Folgendes tun:

- 🐾 Vergewissern Sie sich, dass Ihre Katze Dingen aus dem Weg gehen kann, die sie ängstigen oder nervös machen. Versuchen Sie in einem solchen Fall nicht, sie festzuhalten oder vom Flüchten abzuhalten. Sorgen Sie für viele Plätze, die ihr als Versteck oder Hochsitz dienen können.
- 🐾 Stellen Sie sicher, dass Ihre Katze sich nicht zu ungeschützt oder bedroht fühlt, wenn sie zu ihren Ressourcen will. (Sie

sollte sich zum Beispiel sicher fühlen, wenn sie durch die Katzenklappe geht, an ihrem Fressnapf ist oder das Katzenklo benutzt.) Suchen Sie die Plätze für diese Dinge also sorgfältig aus und vermeiden Sie die besonders geschäftigen Bereiche im Haus, an denen sich ihre Katze vielleicht plötzlich von Menschen (besonders kleinen Kindern) und anderen Tieren überfallen fühlt.

🐾 Sie können auch probieren, zusätzliche Verstecke oder erhöhte Sitzplätze (zum Beispiel Kartons, Katzentunnel, Katzenbäume, Stühle etc.) in die Nähe ihrer Ressourcen zu platzieren. So weiß sie, dass es immer einen sicheren Ort gibt, an den sie sich flüchten kann.

BEDÜRFNIS 3 – EINE VORHERSEHBARE UND STABILE UMGEBUNG

Fühlt sich Ihre Katze erst einmal sicher, ist es die nächste Priorität, dass ihr Tagesablauf für sie ausreichend vorhersehbar ist und ihre Umgebung sich ruhig und stabil anfühlt. Ihre Katze muss das Gefühl haben, dass sie antizipieren kann, wann und wie Dinge um sie herum passieren, und sie ihr Leben selbst bestimmen kann. Wenn Sie das Gefühl haben, dass Ihre Katze diesbezüglich noch etwas Unterstützung braucht, können Sie Folgendes ausprobieren:

🐾 Stellen Sie sicher, dass Ihre Katze immer einen vorhersehbaren Zugang zu allen ihren wichtigen Ressourcen hat.

🐾 Beobachten Sie, ob Ihre Katze gerne zu bestimmten Tageszeiten schläft, nach draußen geht, in bestimmten Zimmern ist, frisst, spielt oder kuschelt. Auf diese Weise bekommen Sie eine Idee von ihrem bevorzugten Tagesablauf und können, falls möglich, vermeiden, sie dabei zu stören.

- Ist Ihre Katze ein Freigänger, und haben Sie noch keine Katzenklappe (mit Chiperkennung), dann ist das eine empfehlenswerte Anschaffung, damit sie kommen und gehen kann, wie es ihr beliebt. Eine Katzenklappe mit Chiperkennung ist optimal, da sie fremde Katzen vom Betreten des Hauses abhält, was für Ihren Stubentiger sehr stressig sein kann.
- Versuchen Sie, Ihre Katze jeden Tag zur gleichen Zeit und am selben Ort (ruhig/sicher) zu füttern.
- Sucht Ihre Katze Ihre Aufmerksamkeit, versuchen Sie, sich jeden Tag zur gleichen Zeit mit ihr zu beschäftigen.
- Ist Ihre Katze sehr verspielt, versuchen Sie, jeden Tag zur gleichen Zeit mit ihr zu spielen.
- Finden Sie heraus, welches »Streichelprotokoll« Ihre Katze bevorzugt (siehe Seite 41–63) und halten Sie sich bei jeder Interaktion mit ihr daran.
- Versuchen Sie, störende Tätigkeiten im Haus (zum Beispiel saugen, putzen, laute Musik) auf feste Tageszeiten oder Wochentage zu beschränken, damit Ihre Katze erahnen kann, wann es wahrscheinlich ungemütlich wird. So hat sie die Möglichkeit, sich rechtzeitig zurückzuziehen.
- Wenn Sie vorhaben, das Haus neu einzurichten oder zu renovieren, sollten Sie Ihre Katze dem nicht zu sehr aussetzen, sondern ihr kurzzeitig einen abgetrennten, ruhigen Bereich im Haus schaffen. Stellen Sie ihr auf jeden Fall ihre üblichen Ressourcen zur Verfügung, egal, wo sie untergebracht ist. Alternativ können Sie Ihren Stubentiger zwischenzeitlich auch

in das Haus eines Freundes oder in eine gute Katzenpension bringen (wenn Sie denken, dass er das gut mitmacht). Wählen Sie am besten jemanden aus Ihrem Freundeskreis, der keine kleinen Kinder oder andere Haustiere hat, sondern ein ruhiges Zuhause mit vielen Versteckmöglichkeiten für Ihre Katze.

BEDÜRFNIS 4 – POSITIVE STIMULATION

Wenn alle anderen Bedürfnisse Ihrer Katze ausreichend gestillt sind, ist es ihre nächste Priorität, regelmäßigen Zugang zu Dingen zu haben, die sie anregen und beschäftigen. Je nach Charakter bevorzugen manche Katzen bestimmte Formen der Stimulation, allerdings gehören zu den üblichsten:

- Ein abwechslungsreicher Außenbereich (für mehr Tipps siehe Seite 166 f.).
- Spielzeuge, interaktive Fressnäpfe, Kletter- und Entdeckungsmöglichkeiten im Haus (für mehr Tipps siehe Seite 164–169).
- Für zutrauliche Katzen: viele Spiel- und Kuscheleinheiten mit Menschen. (Wie Ihre Katze gerne gestreichelt wird, finden Sie auf den Seiten 41–63 heraus, und Tipps, wie Sie mit ihr spielen, gibt es auf den Seiten 169–171).
- Für Katzen mit starker Bindung zu anderen Tieren: viel Spiel und Interaktion mit ihnen.

GUT ZU WISSEN

WAS BEDEUTET ES, WENN KATZEN UNS ANBLINZELN? SAGEN SIE UNS DAMIT, DASS SIE GLÜCKLICH SIND?

Es ist ein weit verbreiteter Glaube, dass uns Katzen, wenn sie uns ansehen und dabei langsam blinzeln, eigentlich eine Kusshand zuwerfen. Doch die Wahrheit ist, wie so vieles, was Katzen betrifft, wahrscheinlich etwas komplizierter. Katzen, wie andere Tiere auch, blinzeln uns vermutlich in vielen verschiedenen Situationen an – zuweilen, wenn sie glücklich und zufrieden sind, aber auch wenn sie sich unwohl fühlen oder leiden. Tatsächlich lassen neueste Studien darauf schließen, dass Katzen Menschen anblinzeln, wenn sie unruhig sind oder Angst vor ihnen haben. Obwohl die Wissenschaft noch nicht genau sagen kann, warum Katzen in diesen unterschiedlichen Situationen blinzeln beziehungsweise was es bedeutet, ist der Zweck dahinter wohl ähnlich. Indem sie blinzelt, bricht die Katze den Augenkontakt ab, anstatt uns dauerhaft anzustarren. Eventuell will sie uns auf diese Weise signalisieren, dass sie keine »Bedrohung« für uns darstellt, um einen Konflikt zu vermeiden. Also könnte eine entspannte, zutrauliche Katze uns theoretisch aus dem gleichen Grund wie eine ängstliche Katze anblinzeln – in beiden Fällen sagen sie uns womöglich: »Ich habe nicht die Absicht, dir Schwierigkeiten zu machen.« Daher sollten wir nicht immer davon ausgehen, dass eine uns anblinzelnde Katze glücklich ist oder unser Freund sein möchte – möglicherweise fühlt sie genau das Gegenteil. Wenn wir unsere flauschigen Freunde besser verstehen wollen, ist es wichtig herauszufinden, warum sie uns das signalisieren. Etwa, weil sie sich wohlfühlen und gerne bei uns sind? Oder, weil sie Angst haben und unsererseits einen Angriff fürchten? Oder fühlen sie sich einfach etwas unwohl und möchten eine für sie schwierige Situation entspannen? Eine Antwort auf diese Fragen bekommen Sie vielleicht, wenn Sie die Körpersprache und den Gesichtsausdruck Ihrer Katze aufmerksam beobachten. Weitere Informationen zu anderen Verhaltensweisen, auf die Sie achten können, finden sich auf den Seiten 102 f. und 189–190.

WIE REAGIERT IHRE KATZE AUF VERÄNDERUNGEN?

Wie wir bereits wissen, haben unsere Hauskatzen einen ganz anderen Lebensstil als ihre nächsten wilden Verwandten. Die Falbkatze lebt und jagt allein. Sie geht, wohin sie will, wann sie will, und hat außerdem ihr eigenes, sorgfältig ausgesuchtes und gut verteidigtes Revier. Das steht im deutlichen Gegensatz zur Hauskatze, für die wir eigentlich alles bestimmen. Wir entscheiden, mit wem sie wohnt, wie groß ihr Revier ist, wozu sie Zugang hat und wann.

Die meisten Katzen wissen es sicherlich zu schätzen, was wir ihnen alles geben, doch sie bleiben Gewohnheitstiere, die sehr sensibel auf ihre Umgebung reagieren und ein starkes Sicherheits- und Kontrollbedürfnis haben. Verschiedene Ereignisse im Leben können bei uns Stress auslösen, und vielleicht unterschätzen wir oft, dass das Gleiche auch auf unsere flauschigen Gefährten einwirkt. Ein Neuzugang zum Haushalt (egal, ob Zwei- oder Vierbeiner), ein Umzug oder die Urlaubsreise ihrer Menschen sind nur ein paar von den Ereignissen, die einer Katze das Gefühl geben können, jemand zöge ihr den Teppich unter den Füßen weg. Ihre Reaktion auf diese Veränderungen und wie viele dieser Ereignisse sie verkraften kann, hängt auch von ihrem Charakter ab. Außerdem spielt eine große Rolle, wie wir mit unseren Katzen in diesen Situationen umgehen. Mit dem folgenden

Test können Sie herausfinden, wie gut Ihre Katze auf die verschiedensten Umwälzungen in ihrem Leben reagiert und was Sie tun können, um sie dabei unterstützend zu begleiten.

Sie fahren für zwei Wochen in den Urlaub und lassen einen Katzensitter auf Ihre Fellnase aufpassen. Wie geht es ihr damit?

A. Sie hat eine gute Zeit, bleibt abends lange auf und genießt all die Leckerli!

B. Sie gewöhnt sich an die leicht abweichenden Fütterungszeiten und Streichelprotokolle.

C. Sie ist etwas nervös und eindeutig nicht sonderlich glücklich über diesen Eingriff in ihren täglichen Rhythmus.

D. Sie kann sich überhaupt nicht entspannen und akzeptiert diesen Eindringling nicht.

E. Der Katzensitter kann sich glücklich schätzen, wenn er Ihre Katze überhaupt zu Gesicht bekommt.

Sie liegen mit einer Erkältung eine Woche lang im Bett. Was macht Ihre Katze?

A. Sie freut sich über die unglaubliche Gelegenheit, so viel kuscheln zu können.

B. Ihr gefällt die Vorstellung, dass die Quelle für Fressen und Kuscheleinheiten nun ganztags da ist.

C. Das ist okay für sie, solange Sie sie bei ihren Nickerchen nicht stören.

D. Sie hofft auf eine schnelle Genesung, damit sie ihr die Woche nicht länger verderben.

E. Sie sucht sich eine neue Bleibe.

Sie kommen etwas früher als gewöhnlich von der Arbeit. Was macht Ihre Katze?

A. Alle viere von sich gestreckt, bleibt sie in der gemütlichsten Ecke Ihres Bettes liegen.

B. Sie wird neugierig und schaut, was da los ist.

C. Sie kümmert sich weiter um ihre eigenen Angelegenheiten und hofft, Sie tun das auch.

D. Sie wird leicht nervös, dieses unerwartete Ereignis beunruhigt sie offensichtlich.

E. Sie schaltet in Panik-Modus und sucht die nächste Versteckmöglichkeit.

Sie kommen später von der Arbeit und sind generell weniger zu Hause als sonst. Wie begrüßt Sie Ihre Katze, wenn Sie nach Hause kommen?

A. Sie hört sofort mit ihrer aktuellen Tätigkeit auf, um Sie zu begrüßen.

B. Sie kommt schnell angelaufen, Schwanz aufgerichtet, sie zirpt, miaut und gibt Ihnen Köpfchen.

C. Sie wartet schon ungeduldig an der Tür, um gleich Forderungen zu stellen.

D. Es wird viel miaut, mit den Pfoten berührt, auf Sie geklettert und hinter Ihnen hergelaufen.

E. Sie meidet Sie, wie sonst auch.

Ihre Paarbeziehung ist vor Kurzem in die Brüche gegangen. Wie geht es Ihrer Katze?

A. Sie ist ganz glücklich und entspannt, solange sie planmäßig mit Futter und Kuscheleinheiten versorgt wird.

B. Sie wirkt hin und wieder etwas verwirrt, freut sich aber über die zusätzliche Aufmerksamkeit.

C. Sie ist manchmal etwas rastlos und maunzt mehr als sonst.

D. Sie ist meistens rastlos, ängstlich oder nervös.

E. Sie scheint in sich gekehrt oder lethargisch.

Sie schreiben an einer schwierigen E-Mail und müssen sich konzentrieren, doch Ihre Katze will kuscheln. Was macht sie?

A. Sie wartet geduldig in der Nähe darauf, dass Sie Zeit für sie haben.

B. Sie reibt sich sanft an Ihnen, zirpt Sie hoffnungsfroh an und miaut etwas.

C. Sie miaut Sie dringlich an, reibt sich kräftig an Ihnen und versperrt Ihnen mit ihrem großen Fellkörper die Sicht.

D. Sie traktiert Sie mit ihren Pfoten, schreit Sie an, klettert auf Sie, beißt Sie – was auch immer funktioniert.

E. Das würde nie passieren – Ihre Katze hasst es, angefasst zu werden.

Sie telefonieren mit einem alten Freund und vergessen, Ihre Katze rechtzeitig zu füttern. Was tut sie?

A. Sie bemerkt es kaum und genießt das verlängerte Nickerchen, während Sie telefonieren.

B. Sie ist recht geduldig, miaut Sie nur gelegentlich an und streicht um Ihre Beine.

C. Sie kauert in der Ecke und wirft Ihnen hin und wieder einen bösen Blick zu.

D. Sie schreit Sie seit zehn Minuten ununterbrochen an.

E. Sie wartet ungeduldig in sicherem Abstand, bis Sie das Futter hinstellen und weggehen.

Sie haben gerade frisch gebügelte Kleidung auf Ihr Bett gelegt und sehen, dass Ihre Katze hochspringen und es sich darauf bequem machen möchte, also sperren Sie sie aus dem Schlafzimmer aus. Was macht Ihre Katze?

A. Sie akzeptiert es würdevoll und schlendert in Richtung Futternapf.

B. Sie wirkt etwas enttäuscht von dieser plötzlichen Zutrittssperre, wartet aber geduldig, bis sie wieder hineindarf.

C. Sie wirkt verwirrt oder leicht irritiert.

D. Sie miaut ununterbrochen und kratzt an der Tür, bis Sie nachgeben und aufmachen.

E. Es ist ihr völlig egal, im Schlafzimmer ist sie sowieso nicht gerne (denn dort sind Sie meistens).

Für Sie und Ihre Katze ist es der erste Tag im neuen Haus. Was macht Ihre Katze?

A. Sie schreitet durch das Haus, als wäre es ihres, und untersucht alles.

B. Sie ist anfangs noch sehr vorsichtig, scheint ihre neue Umgebung aber entdecken zu wollen: Sie beschnüffelt ausgiebig und reibt sich an vielen Gegenständen.

C. Sie wirkt sehr wachsam und nervös, hält sich nahe am Boden und versucht, alle Ein- und Ausgänge zu lokalisieren.

D. Sie klebt an der hinteren Wand der Transportbox und weigert sich herauszukommen.

E. Sie ist blitzschnell in das nächste kleine, dunkle Versteck gerannt, wo sie sich wahrscheinlich für mindestens eine Woche verstecken wird.

Sie schauen sich eine dieser Entrümpelungsshows im Fernsehen an und beschließen, selbst aktiv zu werden: Den ganzen Tag lang werden Möbel gerückt und Kartons gepackt. Was macht Ihre Katze?

A. Sie »hilft« Ihnen, indem sie jeden Karton sorgfältig inspiziert und sicherstellt, dass sie hineinpasst.

B. Neugierig untersucht sie die neuen Möbelpositionen.

C. Sie schaut leicht verstört – ich mag die Dinge so, wie sie waren, Mensch!

D. Sie entzieht sich dem ganzen Tumult, bis er vorbei ist.

E. Keine Ahnung, aber Sie werden sie in den nächsten 24 Stunden wahrscheinlich nicht zu sehen bekommen.

Sie renovieren ein paar Wochen lang. Es ist laut, überall stehen Farbeimer, und Sie müssen Ihre Katze von mehreren Räumen fernhalten, in denen sie normalerweise Zeit verbringt. Was tut sie?

A. Sie macht weiter wie bisher – es gibt noch genug zu tun, und sie ist froh, dass diese schreckliche braune Tapete endlich wegkommt.

B. Sie ist etwas verwirrt, weil ihre Sachen jetzt woanders stehen, gewöhnt sich aber schnell daran.

C. Sie wirkt etwas nervös, verbringt viel Zeit damit, alles zu beschnuppern, und sitzt bisweilen vor den verschlossenen Türen.

D. Sie wirkt aufgeregt, läuft rastlos umher, miaut viel und kratzt an den verschiedenen Türen.

E. Sie wirkt angespannt, kauert am Boden und scheint sich generell unwohl zu fühlen.

AUSWERTUNG DES KATZEN-PERSÖNLICHKEITSTESTS

Sie haben meistens A oder B angekreuzt – was bedeutet das?

Ihre Katze ist wahrscheinlich eher der entspannte Typ, der sehr viel aushält. Sie fühlt sich generell recht wohl in ihrer Umgebung und kann daher gut mit Veränderungen oder etwas Chaos umgehen. Doch auch die coolste aller Katzen braucht ein Gefühl von Kontrolle. Daher ist es wichtig, sich dies im Umgang mit ihr bei jedem größeren Lebensereignis ins Gedächtnis zu rufen. Lesen Sie auch die Tipps und Ratschläge für alle Katzentypen auf Seite 229–231 und beobachten Sie aufmerksam, ob Ihr Stubentiger auch weiterhin gut mit allem klarkommt.

Sie haben meistens C angekreuzt – was bedeutet das?

Ihre Katze ist wahrscheinlich eine zarte Seele. Sie tendiert eher dazu, sensibel auf Veränderungen und Störungen zu reagieren, und manchmal kann sie schon eine Kleinigkeit aus der Haut fahren lassen. Sie gehört wahrscheinlich zu den Katzen, für die ein fester Tagesrhythmus wichtig ist, da er ihnen das Gefühl gibt, ihre Welt unter Kontrolle zu haben. Außerdem braucht sie einen geschützten und vorhersehbaren Zugang zu allem, was ihr im Leben wichtig ist, seien es nun Futter, gute Verstecke, der Garten oder Kuscheleinheiten mit Ihnen. Besonders wenn eine große Veränderung in ihrem Leben ansteht, wird Ihre Katze zusätzliche Unterstützung sehr zu schätzen wissen. Auf Seite 229–231 finden Sie nützliche Tipps und Ratschläge.

Sie haben meistens D oder E angekreuzt – was bedeutet das?

Genauso wie »C«-Katzen reagiert Ihre Fellnase wahrscheinlich sensibel auf ihre Umwelt. Womöglich hat sie es sowieso schon etwas schwieriger im Leben als andere, auch ohne größere Einschnitte oder Umbrüche. Bereits die kleinsten Veränderungen können sie beunruhigen, und vielleicht hat sie generell das Gefühl, in ihrem Leben wenig mitbestimmen zu können. Die Gründe dafür können sehr unterschiedlich und komplex sein, die folgenden gehören allerdings zu den häufigsten:

- 🐾 Ihre Katze ist womöglich ein kleiner Kontrollfreak oder sehr unflexibel. Sie ist schnell genervt oder frustriert, wenn die Realität nicht ganz ihren Erwartungen entspricht. Vielleicht fällt es ihr dann schwer, sich anzupassen oder das Gefühl zu haben, die Dinge mitbestimmen zu können.
- 🐾 Ihre Katze ist der empfindliche oder ängstliche Typ: Sie ist schnell beunruhigt, wenn das Leben weniger vorhersehbar ist, als sie es gerne hätte. Diese Ängstlichkeit kann sich auf

Menschen oder andere Tiere beziehen, oder sie ist Ausdruck davon, dass sie sich in ihrer räumlichen Umgebung unwohl fühlt. Noch einmal: Diese Katzen haben es wahrscheinlich schwerer, sich als Herr der Lage zu begreifen.

- Ihre Katze ist womöglich von anderen Faktoren gestresst (zum Beispiel von einem Konflikt mit anderen Katzen im Haus oder in der Nachbarschaft oder von einer Krankheit), was es ihr schwerer macht, mit Veränderungen umzugehen.
- Die aktuelle Lebenssituation Ihrer Katze stillt ihre Grundbedürfnisse nicht ausreichend. Es gibt einige grundsätzliche Dinge, die Katzen für ihr Wohlbefinden brauchen.

Tipps und Ratschläge für alle Katzen

Eines der größten Probleme, das mit jeder Veränderung im Leben Ihrer Katze einhergeht, ist Verunsicherung. Egal, ob etwas Positives aus ihrem Leben verschwindet (zum Beispiel ihr Lieblingsmensch) oder etwas Negatives hinzukommt (zum Beispiel Lärm oder andere Beeinträchtigungen), es sind meist die damit einhergehende Verunsicherung und der Kontrollverlust, die für Ihre Katze am schlimmsten sind.

Am besten helfen Sie Ihrer Katze durch diese unterschiedlichen Umbrüche in ihrem Leben, indem Sie sicherstellen, dass alle ihre Grundbedürfnisse dauerhaft gestillt sind. Um mehr über diese Bedürfnisse zu erfahren, werfen Sie einen Blick auf die Tipps und Ratschläge auf den Seiten 206–213. Katzen, deren Umgebung sich verändert, haben höchstwahrscheinlich das Gefühl, ihr Bedürfnis nach »persönlicher Sicherheit« (Bedürfnis 2) und »Vorhersehbarkeit« (Bedürfnis 3) würde nicht mehr gut genug gestillt. Das sind wahrscheinlich die Top-Prioritäten für Ihre Katze. Wenn Sie es also ungeachtet aller Veränderungen schaffen, diese Bedürfnisse zu stillen, ist Ihrer Fellnase schon sehr geholfen.

- **Persönliche Sicherheit:** Wenn sich Katzen bedroht fühlen, ist ihr erster Instinkt, zu fliehen oder sich zu verstecken. Ist beides nicht möglich, greifen sie eventuell zu aggressiveren Mitteln. Eine Veränderung der Umgebung, laute Geräusche und andere Störungen können Ihre Katze verängstigen. Stellen Sie also sicher, dass es ein paar ruhige Orte (oder Hochsitze) gibt, an die sie sich zurückziehen kann, wenn sie sich bedroht fühlt. Hat Ihre Katze das Gefühl, jedes Mal einen Spießrutenlauf absolvieren zu müssen, wenn sie fressen oder aufs Katzenklo gehen möchte, kann das großen Stress verursachen. Versuchen Sie daher, diese Dinge an ruhige, einfach zugängliche Plätze zu stellen, wo sie sich nicht zu ungeschützt fühlt. Zusätzliche Verstecke oder erhöhte Sitzplätze (wie Kartons, Katzentunnel, Katzenbäume und Stühle) in der Nähe ihres Fressnapfes oder Katzenklos können ebenfalls dabei helfen, dass sie sich dort sicherer fühlt. Bei einem Umzug halten Sie Ihre Katze (zusammen mit ihren wichtigsten Sachen) anfangs idealerweise in einem ruhigen Raum des neuen Hauses. Wenn sie etwas ruhiger wirkt, können Sie sie den Rest ihrer neuen Bude erkunden lassen. Aber überlegen Sie auch dann gut, wohin Sie ihre wichtigsten Ressourcen stellen und wo eventuell sichere Zufluchtsorte geschaffen werden könnten.

- **Vorhersehbarkeit:** Auch wenn sich Katzen nicht akut bedroht fühlen, ist es ihnen trotzdem meist ein Bedürfnis, dass ihr Leben in geordneten Bahnen verläuft. Manche Katzen brauchen dieses Gefühl von Vorhersehbarkeit mehr als andere, manche wiederum nur in Bezug auf bestimmte Dinge. Daher ist es wichtig, die individuellen Präferenzen und Prioritäten Ihrer Katze zu kennen. Manche Stubentiger beunruhigt es zum Beispiel, wenn ihre Menschen plötzlich mehr Zeit zu Hause verbringen als gewöhnlich, andere wiederum, wenn sie häufiger weg sind als sonst. Manche Katzen macht es nervös, wenn Möbel verrückt werden, andere wiederum finden es spannend und fangen an, alles zu inspizieren. Auch wenn bei Ihnen beiden vieles im Umbruch ist – versuchen Sie entweder, sich an die üblichen Gewohnheiten Ihrer Katze zu halten, oder etablieren Sie einen neuen Tagesablauf für sie.

TEIL 5: KATZENELTERN

In diesem Teil:

Sind Sie bereit für eine Katze?

Was für ein/e Katzenmama/Katzenpapa sind Sie? Und welche Katze passt zu Ihnen?

Egal, ob Sie in Bezug auf Katzen noch grün hinter den Ohren sind, bereits eine Katze haben oder früher eine gehabt haben, es gibt immer wieder etwas, was wir noch nicht über unsere mysteriösen Fellfreunde wussten. Es mag zwar einfach sein, sich eine Katze ins Haus zu holen, doch sie auch glücklich und bei guter Gesundheit zu halten ist nicht immer ganz so einfach. Kümmert man sich gut um sie, können viele Katzen aber sogar bis zu 20 Jahre alt werden. Bei einer guten Katzenelternschaft geht es nicht nur darum, die Bedürfnisse der Katze zu verstehen (und befriedigen zu können), sondern auch darum, von Anfang an die richtige Katze für sich und das eigene Zuhause auszusuchen. Wird eine dieser Voraussetzungen nicht erfüllt, steht das harmonische Katzenmiteinander, von dem Sie immer geträumt haben, auf der Kippe. Tatsächlich rühren die meisten Verhaltensweisen, die uns bei Katzen missfallen (zum Beispiel Stubenunreinheit, Aggressivität gegenüber anderen Tieren oder uns, generelles Desinteresse am Menschen), oft daher, dass eine Katze nicht in ihre Umgebung passt. Diese unerwünschten Verhaltensweisen gehören auch zu den häufigsten Gründen, warum Menschen ihre Katzen weggeben oder ins Tierheim bringen. Doch diese Probleme können in vielen Fällen vermieden werden, indem man die für sich richtige Katze aussucht und sich vergewissert, dass beide die Bedürfnisse des jeweils anderen befriedigen können. Um herauszufinden, ob Sie bereit sind, Katzenmama oder Katzenpapa zu werden, und welcher Stubentiger womöglich perfekt zu Ihnen passt, beginnen Sie am besten damit, die folgenden Fragen zu beantworten.

SIND SIE BEREIT FÜR EINE KATZE?

Sie haben bereits ein recht volles Haus (zum Beispiel mit vielen Menschen, Katzen und anderen Tieren) und wollen sich außerdem neu einrichten.
Sie spielen mit dem Gedanken, sich eine weitere Katze anzuschaffen.
Was machen Sie?

A. Sie beschließen, dass das wahrscheinlich nicht der richtige Moment ist, und warten, bis sich alles etwas beruhigt.

B. Sie denken darüber nach, welcher Katzentyp mit Ihrem chaotischen Haushalt am besten zurechtkommen würde.

C. Sie beschließen, sich morgen im Tierheim die Katzen anzuschauen.

D. Sie suchen im Internet nach zum Verkauf stehenden Kätzchen.

E. Sie gehen los und holen sich einfach eine – wenn es nicht funktioniert, können Sie sie ja wieder zurückbringen!

Sie überlegen sich, welchen Typ Katze Sie gerne im Tierheim adoptieren möchten. Was sind Ihre Auswahlkriterien?

A. Sie freuen sich über jede Katze, die zu Ihnen und Ihrem Zuhause passt.

B. Sie ziehen die Katze vor, die sich beim Kennenlernen am wohlsten fühlt.

C. Sie hoffen auf eine bemitleidenswerte, traurig aussehende Katze, die Sie retten können, auch wenn Sie nicht so gut zusammenpassen.

D. Sie wollen den Typ Superkatze, um die Sie Ihre Nachbarn beneiden werden.

E. Sie wollen einfach die Katze, die auf Instagram am süßesten aussehen wird.

Es ist für Ihre Katze der erste Tag im neuen Zuhause. Wie gewöhnen Sie sie ein?

A. Mit ihrem eigenen kleinen Wohnbereich mit Katzenbetten, Verstecken, Katzenbaum, Katzenklo, Futter, Wasser, Spielzeugen und einem Kratzbaum.

B. In einem ruhigen Zimmer im Haus mit einer Kiste zum Verstecken, etwas Futter, Wasser und einem Katzenklo in der Nähe.

C. Indem Sie sie frei im Haus herumlaufen und alles entdecken lassen.

D. Sie lassen sie eine Weile in der Transportbox, bis sie aufhört zu miauen.

E. Indem Sie sie ins kalte Wasser werfen und gleich in den geschäftigsten Teil des Hauses bringen.

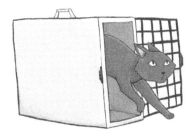

Wohin kann Ihre Katze gehen, wenn sie etwas Zeit für sich braucht?

A. Zu einem der ungefähr zehn im Haus verteilten Plätze, alle mit Katzenbett, Versteckbox oder Kletterbaum ausgestattet.

B. Es gibt mehrere spezielle Katzenplätze im Haus.

C. Da ist dieser eine Platz, wo es meist ruhig ist – also dorthin.

D. Es ist alles ein bisschen chaotisch – also dorthin, wo auch immer es gerade am ruhigsten ist. Es wird keine bestimmten Plätze für sie geben.

E. Sie wird im Haus wahrscheinlich keinen Platz finden, wo sie für sich sein kann.

Wohin stellen Sie die Ressourcen Ihrer Katze (zum Beispiel Futter und Wasserschalen, Schlafplätze und Verstecke, Katzenklo etc.)?

A. Nur an ruhige Plätze im Haus. Außerdem werden Futter, Wasserschalen und Katzenklo nicht nebeneinandergestellt (Niemand möchte in seinem Esszimmer auf die Toilette gehen!)

B. An Plätze, die Ihre Katze einfach erreichen kann, ohne dabei gestört zu werden.

C. In irgendeine versteckte Ecke oder in die Waschküche, da sie unangenehm riechen.

D. In die Küche neben die Waschmaschine, und alles nahe beieinander.

E. Wahrscheinlich wird sie nur irgendwo einen Futternapf stehen haben.

Wie beschäftigen Sie Ihre Katze?

A. Es wird viele, viele Spielzeuge geben (außerdem interaktive Futternäpfe, Kletterbäume, Katzenregale, Katzentunnel und – natürlich – einen Garten voller Pflanzen, einen Katzenbrunnen, ein beheiztes Outdoor-Katzenhaus, eine Katzenhängematte ...)!

B. Mit vielen Spiel- und Kuscheleinheiten, wenn sie das möchte, außerdem hat sie Zugang zu einem spannenden Außenbereich.

C. Sie geben ihr etwas zu fressen, ein paar Spielzeuge und überlassen den Rest ihr.

D. Katzen sind unabhängige Tiere, sie sollten also diesbezüglich keinerlei Hilfe bedürfen.

E. Sollte die Katze nicht mich bespaßen?!

Ihre Katze fängt an, Sie beim Streicheln zu beißen oder nach Ihnen zu hauen. Was machen Sie?

A. Sie wollen verstehen, warum. Streicheln Sie sie nicht so, wie sie es gerne mag? Könnte sie gestresst sein oder Schmerzen haben?

B. Sie legen eine längere Streichelpause ein und überlassen Ihrer Katze mehr die Initiative.

C. Sie streicheln sie weiterhin wie gewohnt, versuchen aber vorauszuahnen, wann sie zuschlagen wird, und ziehen Ihre Hand dann blitzschnell weg.

D. Sie geben sie zurück – Ihre Katze ist eindeutig fehlerhaft und erfüllt ihren Zweck nicht.

E. Sie nehmen an, dass das ihr Charakter ist und sie die kleinen »Kampfspiele« genießt.

Ihre Katze hat vor Kurzem begonnen, hinter das Sofa zu pinkeln. Was machen Sie?

A. Ihnen ist klar, dass Ihre Katze gestresst oder krank sein kann. Vielleicht stimmt auch etwas mit ihrer Toilette nicht (zum Beispiel der Standort des Katzenklos oder etwas draußen). Sie geben Ihr Bestes, um Abhilfe zu schaffen!

B. Sie haben ein Auge auf sie, um eventuell für einen Gesundheitscheck zum Tierarzt zu fahren, wenn es nicht besser wird.

C. Sie wischen die Pfütze auf und versperren ihr den Zugang zum Sofa.

D. Sie nehmen an, dass sie ein Fiesling ist und Sie nur ärgern will.

E. Sie schreien sie an, wenn Sie sie dabei erwischen.

Eine fremde Katze kommt regelmäßig in Ihren Garten, und Sie befürchten, dass Ihre Katze vielleicht drangsaliert wird. Was machen Sie?

A. Sie versuchen herauszufinden, ob dieser Fiesling Eltern hat, damit Sie die Situation unter Kontrolle kriegen.

B. Sie passen auf Ihre Katze auf, solange sie draußen ist, und verjagen dieses Biest notfalls!

C. Sie vergewissern sich, dass sie nicht verletzt ist. Ansonsten muss man sich wahrscheinlich keine Sorgen machen.

D. Solange Ihre Katze nicht anfängt, stubenunrein zu werden, ist das nicht wirklich problematisch.

E. Nichts – am besten tragen sie das unter sich aus.

Ihre Katze ist seit Kurzem etwas still geworden, und Sie glauben, dass sie abgenommen hat. Was machen Sie?

A. Sie rufen sofort den Tierarzt an und machen einen Termin zur Untersuchung aus.

B. Sie behalten sie für ein paar Tage im Auge – wird es nicht besser, rufen Sie den Tierarzt an.

C. Sie bringen etwas Abwechslung in ihr Futter, vielleicht macht sie das wieder etwas munterer.

D. Sie kümmern sich etwas mehr um sie – vielleicht braucht sie einfach eine Kuscheleinheit?

E. Nichts – Katzen sind unabhängige Wesen und können sich gut um sich selbst kümmern.

AUSWERTUNG DES KATZEN-PERSÖNLICHKEITSTESTS

Sie haben meistens A oder B angekreuzt – was bedeutet das?

Glückwunsch! Sie werden fantastische Katzeneltern abgeben! Alles deutet darauf hin, dass Sie sich viel Mühe und viele Gedanken über Ihren zukünftigen Stubentiger machen werden und diese große Verantwortung ernst nehmen. Wahrscheinlich werden Sie alles dafür tun, die Grundbedürfnisse Ihrer Katze zu stillen, damit sie so glücklich und zufrieden sein kann wie nur möglich. Allerdings sollten wir als verantwortungsbewusste Katzeneltern niemals selbstgefällig werden. Aufgrund der unterschiedlichen Charaktere von Katzen und dem insgesamt rätselhaften Wesen dieser Spezies ist es wichtig, dass wir jede Katze individuell behandeln und versuchen herauszufinden, was ihre spezifischen Bedürfnisse, Vorlieben und Abneigungen sind.

Sie haben meistens C angekreuzt – was bedeutet das?

Obwohl Sie Ihr Herz sicherlich am rechten Fleck haben, sollten Sie sich wahrscheinlich noch ein paar grundlegende Gedanken machen, bevor Sie tatsächlich eine Katze adoptieren. Niemand wird als Katzenflüsterer geboren (und selbst die besten durchlaufen eine LANGE Lehrzeit!), daher kann es nie schaden, im Vorhinein etwas Recherche zu betreiben, um Ihr zukünftiges Katzenkind etwas besser zu verstehen.

Sie haben meistens D oder E angekreuzt – was bedeutet das?

Zumindest im Moment ist es für Sie wohl eher nicht ratsam, eine Katzenelternschaft zu übernehmen. Alle Tiere, die sich als Haustiere eignen, haben grundlegende Bedürfnisse und Ansprüche. Nur bei einer ausreichenden Befriedigung dieser Bedürfnisse ist sichergestellt, dass unsere Haustiere ein gutes Leben führen können – und letztendlich liegt genau das in unserer Verantwortung. Das Leben als Haustier kann für Katzen manchmal eine echte Herausforderung sein, daher ist es wichtig, dass wir für sie da sind, wenn sie uns brauchen.

# Allgemeine Tipps und Ratschläge

Um die Grundbedürfnisse von Katzen besser zu verstehen, werfen Sie am besten einen Blick auf die Seiten 206–213. Möchten Sie mehr über das Verhalten Ihres Vierbeiners erfahren oder benötigen Sie Tipps, wie man in den verschiedensten Situationen am besten mit ihm umgeht, dann lesen Sie auch die Tipps und Ratschläge in den anderen Kapiteln dieses Buches durch. Außerdem gibt es noch viele weitere gute Bücher und Internetseiten mit wertvollen Empfehlungen von angesehenen und qualifizierten Katzenexperten, die Sie konsultieren können. All das wird Ihnen sicherlich dabei helfen, das Mysterium Katze besser zu verstehen, und Ihnen verraten, was Ihre Fellnase braucht, um sich voll entfalten zu können.

WAS FÜR EIN/E KATZENMAMA/ KATZENPAPA SIND SIE? UND WELCHE KATZE PASST ZU IHNEN?

Sie kommen nach einem langen, anstrengenden Tag nach Hause. Wie würden Sie gerne von Ihrer Katze begrüßt werden?

A. So, als wären Sie mindestens ein Jahr weg gewesen (und SEHR vermisst worden).

B. Ganz enthusiastisch: Sie will Sie unbedingt mit ihren Pfoten massieren, während Sie von Ihren Meetings berichten.

C. So, wie sie es für angemessen hält: Vielleicht beschnuppert sie Sie etwas und reibt sich an Ihnen – Sie riechen wahrscheinlich etwas seltsam.

D. Ein kurzes Nicken in Ihre Richtung ist ausreichend.

E. Sie ziehen es vor, wenn sie einfach mit ihrer momentanen Beschäftigung weitermacht.

Wie wichtig sind Ihnen die Kuscheleinheiten mit Ihrer Katze?

A. Ich brauche es wie die Luft zum Atmen.

B. Es ist wie eine Sucht: mehrmals am Tag muss schon sein.

C. Sie sind immer dankbar, wenn Ihre Katze Ihnen diese Ehre erweist.

D. Sie nehmen es, wie es kommt.

E. Sie haben wahrscheinlich eine Katzenallergie.

Sie arbeiten ausnahmsweise im Homeoffice. Wo sollte Ihre Katze am besten sein?

A. Auf Ihrem Schreibtisch, schnurrend und kuschelnd.

B. Zufrieden auf Ihrem Schoß.

C. Wo auch immer sie sich am wohlsten fühlt.

D. Unterwegs, in eigener Mission.

E. Egal, wo – Hauptsache, sie nervt nicht.

Wie sieht die perfekte Katzen-Mensch-Beziehung für Sie aus?

A. Ihr flauschiges Katzenkind liebt Sie genauso sehr, wie Sie es lieben.

B. Es ist eine enge Bindung, die Ihnen beiden guttut.

C. Sie genießen die Gesellschaft des jeweils anderen.

D. Ihre Beziehung ist praktisch und zweckdienlich.

E. Sie geben ihr Futter, und sie frisst es.

Es ist 6:30 Uhr, und Sie schlummern noch. Ihre Katze denkt allerdings, es sei Zeit, dass Sie aufstehen und sie füttern. Was machen Sie?

A. Sie springen sofort aus dem Bett und folgen ihr in die Küche.

B. Sie dösen noch ein bisschen, stehen dann auf und füttern sie.

C. Sie bleiben im Bett, bis Sie bereit sind aufzustehen, kuscheln aber zwischenzeitlich etwas mit ihr.

D. Sie drehen sich um und tun so, als hätten Sie sie nicht gehört.

E. Sie ermahnen sich, sie in Zukunft nicht mehr ins Schlafzimmer zu lassen.

Welche drei Wörter beschreiben Ihre ideale Katze am besten?

A. Liebevoll, anhänglich, intensiv.

B. Zutraulich, interaktiv, neugierig.

C. Zugänglich, entspannt, ruhig.

D. Unnahbar, unabhängig, selbstversorgend.

E. Scheu, desinteressiert, ruhig.

Ihre Katze scheint Sie gerne anzumiauen. Was machen Sie?

A. Sie freuen sich und miauen zurück.

B. Normalerweise antworten Sie mit ein paar freundlichen Worten.

C. Sie nehmen an, dass sie wahrscheinlich hungrig ist oder Ihre Aufmerksamkeit will.

D. Sie sagen ihr, dass sie nervt.

E. Sie tun so, als hörten Sie nichts.

Draußen ist es eiskalt, und Ihre Katze verbringt mehr Zeit im Haus als sonst. Wie finden Sie das?

A. Sie sind von der Vorstellung begeistert, viele kuschelige Abende zu Hause zu verbringen.

B. Sie freuen sich über das Mehr an Aufmerksamkeit.

C. Sie spielen und kuscheln gerne mehr mit ihr, wenn sie das wünscht.

D. Das ist okay, solange sie nicht zu sehr nervt.

E. Sie stören sich etwas daran, dass nun noch mehr Katzenhaare auf dem Sofa sind.

AUSWERTUNG DES KATZEN-PERSÖNLICHKEITSTESTS

Sie haben meistens A angekreuzt – was bedeutet das?

Wahrscheinlich gehören Sie zu der Sorte Katzenmama oder Katzenpapa, die sich innigst ein kleines flauschiges Katzenkind wünscht. Sie haben viel zu geben und sind auf der Suche nach dieser einen Katze, die all das auch willkommen heißt. Wahrscheinlich sind Sie nur zu gerne bereit, einem unterhaltsamen Abend mit Freunden zu entsagen, um mit Ihrer Katze abzuhängen und sie mit endlosen Kuscheleinheiten und Leckerli zu verwöhnen. Obwohl kein Zweifel daran besteht, dass Sie bereit sind, viel Liebe und Begeisterung in Ihre Rolle als Katzenmama oder Katzenpapa zu investieren, ist es jedoch essenziell, dass Sie eine Katze auswählen, die Ihren Einsatz auch zu schätzen weiß. Denn in puncto Zutraulichkeit gegenüber Menschen geht bei Hauskatzen die Schere weit auseinander. Während viele Katzen superverschmust sind, gibt es wahrscheinlich genauso viele, die unseren Anblick nicht ertragen, und noch mehr, die uns zwar mögen, aber nicht von uns abgeknutscht werden wollen. Womöglich müssen Sie eine Weile nach der richtigen Katze suchen, um diese perfekte Katzen-Mensch-Bindung zu finden, von der Sie schon immer geträumt haben.

WAS FÜR EINE KATZE PASST ZU IHNEN?

Sie sollten nach einer superzutraulichen, verschmusten Katze suchen, die buchstäblich nicht genug von Menschen kriegt. Diese Sorte von Katze mag vielleicht etwas seltener sein, aber Sie werden sicherlich fündig! Als ersten Schritt bietet es sich an, Ihr Interesse beim örtlichen Tierheim anzumelden. Wenn Sie unbedingt ein Kätzchen wollen, lohnt es sich, etwas über den Charakter seiner Eltern und über seine bisherigen Erfahrungen mit Menschen herauszubekommen. Egal, ob Sie beschließen, ein Kätzchen zu adoptieren oder eines von einem Züchter zu kaufen – die Wahl sollte auf ein Tier fallen, dessen Eltern sehr zutraulich sind. Außerdem sollten Sie sich vergewissern, dass Ihr Kätzchen während seiner sensiblen Phase (zweite bis siebte Lebenswoche) regelmäßigen und positiven Umgang mit Menschen hatte, idealerweise mit verschiedenen Personen (vorzugsweise vier bis fünf) unterschiedlichen Alters und Temperaments. Aus diesen Gründen sollten Sie vielleicht auch vermeiden, ältere Kätzchen von Streunern zu adoptieren, da sie wahrscheinlich nicht die Eigenschaften mitbringen, nach denen Sie suchen. Wenn Sie sich für eine Zuchtkatze entschieden haben, seien Sie sich darüber im Klaren, dass manche Züchter sehr viel verantwortungsvoller und erfahrener sind als andere.

Natürlich ist die Entscheidung für eine bestimmte Rassekatze keine Garantie dafür, dass sie den superzutraulichen Charakter besitzt, nach dem Sie suchen. Der Charakter ihrer Eltern und der erste Umgang mit Menschen sind diesbezüglich viel ausschlaggebender als die Rasse. Außerdem können manche Rassekatzen (wie exotische oder Perserkatzen, Munchkins oder

Schottische Faltohrkatzen) aufgrund genetisch vererbter Defekte auch an verschiedenen chronischen Krankheiten leiden. Es ist also essenziell, hier zu recherchieren, welche Rassen (und Züchter) am geeignetsten sind. Und zu guter Letzt: Selbst wenn Sie es vielleicht genießen, dass sich das Universum Ihrer Katze um Sie dreht, sollten Sie sie nicht daran hindern, ein Katzenleben zu führen. Am besten unterstützen Sie Ihren Stubentiger dabei, einer Reihe von Hobbys nachzugehen, die mit Menschen nichts zu tun haben. Eine sehr anhängliche Katze ist möglicherweise nicht sonderlich ausgeglichen, daher sollte ihr eine aufregende, stimulierende Umgebung zur Verfügung stehen, zu deren Entdeckung Sie sie motivieren können.

Sie haben meistens B oder C angekreuzt – was bedeutet das?

Ihr Katzenkinderwunsch liegt wahrscheinlich im Normalbereich. Sie haben die Erwartung, regelmäßig mit Ihrem flauschigen Kumpel abhängen zu können, er muss jedoch nicht gleich Ihr siamesischer Zwilling sein. Dieses Maß an Flexibilität ist möglicherweise ideal für Katzen, die zwar zutraulich sind und die Gesellschaft von Menschen genießen, aber trotzdem ihr eigenes Leben führen wollen und nicht möchten, dass jemand unablässig um sie herumschwirrt. Höchstwahrscheinlich gibt es eine ganze Reihe von Katzen, die gut zu Ihrem Erziehungsstil passen.

WAS FÜR EINE KATZE PASST ZU IHNEN?

Am besten geeignet ist für Sie eine zutrauliche, selbstsichere Katze, die es auch genießt, loszuziehen und ihr eigenes Ding zu machen. Genauso wie zukünftige Katzeneltern der Kategorie A sollten Sie nach einer Katze suchen, die als kleines Kätzchen zur richtigen Zeit eine positive Sozialisierung mit Menschen erfahren hat und zutraulich und entspannt wirkt, wenn sie mit Ihnen interagiert. Möchten Sie gerne eine Katze adoptieren, kann das örtliche Tierheim Ihnen sicherlich dabei behilflich sein, den perfekten Stubentiger zu finden. Doch egal, wie süß sie aussehen, lassen Sie sich nicht dazu hinreißen, die superaktive, aufmerksamkeitssüchtige Katze mit nach Hause zu nehmen, oder diesen Streuner, der wie versteinert in der Ecke kauert. Ihre Chancen auf eine glückliche und harmonische Katzen-Mensch-Beziehung sind viel größer, wenn Sie sich für etwas in der Mitte entscheiden.

Sie haben meistens D oder E angekreuzt – was bedeutet das?

An die ganze Sache mit der Katzenelternschaft gehen Sie eher minimalistisch heran. Wahrscheinlich finden Sie es gut, dass Katzen noch so viel mit ihren unnahbaren, unabhängigen Vorfahren gemein haben. Wir müssen uns ja auch nicht alle in das klassische Schema der Katzenvernarrten fügen. Als Katzeneltern sollten wir allerdings ein Tier aussuchen, das von unserem Erziehungsstil profitieren kann. Wenn Sie also Katzen, die keinen großen Wert auf Streicheleinheiten legen, einfach nur mit dem Nötigsten versorgen und sicherstellen, dass sie gesund sind, könnte das mehr als genug sein, um sie glücklich zu machen. Nicht alle Katzen brauchen unsere Liebe. Manche schätzen Futter und ein sicheres und gleichzeitig anregendes Zuhause sehr viel mehr. Wenn Sie diese grundlegenden Dinge zur Verfügung stellen, findet sich da draußen womöglich die perfekte Fellnase für Sie.

WAS FÜR EINE KATZE PASST ZU IHNEN?

Am besten harmonieren Sie mit einer Katze, die im Umgang mit Menschen zwar selbstsicher oder entspannt ist, aber nicht unbedingt viel Aufmerksamkeit von ihnen braucht. Von dieser Sorte werden Sie tatsächlich einige in Tierheimen finden. Diese Katzen lebten womöglich bereits als Haustiere und ertrugen das irgendwie, oder sie kamen als Streuner ohne bekannte Vorgeschichte ins Tierheim. Dieser Typ Katze braucht höchstwahrscheinlich viel Freiraum und Zeit für sich. Ein ansprechender, katzenfreundlicher Außenbereich, den Ihr Tiger nach Herzenslust erkunden kann, ist hier zwingend notwendig. Er könnte es womöglich sogar vorziehen, unter freiem Himmel zu schlafen, daher sollten Sie ihm draußen eine Unterschlupfmöglichkeit und Futter zur Verfügung stellen. Ein großer Außenbereich (vielleicht leben Sie ja auf einem Bauernhof oder haben einen Stall) könnte für Ihren unabhängigen Vierbeiner genau richtig sein! Wenn Sie eine Katze adoptieren möchten, die nicht viel von Streicheleinheiten hält, sollten Sie sich sicher sein, dass Sie ihre Meinung diesbezüglich auch längerfristig teilen, da es ansonsten sehr stressig für Ihre Katze (und womöglich schmerzhaft für Sie) werden kann, wenn Sie plötzlich doch kuscheln wollen. Vergessen Sie auch nicht, jeden Besucher im Haus wissen zu lassen, wie Ihr unabhängiges Fellknäuel gestrickt ist, damit er oder sie nicht in diese Falle tappt!

GUT ZU WISSEN

WAS STECKT HINTER EINEM MIAU, UND WIE GUT VERSTEHEN WIR EIGENTLICH UNSERE KATZEN, WENN SIE MIT UNS SPRECHEN?

Es ist nicht unüblich, dass Katzenhalter Gespräche mit ihren Vierbeinern führen: Die Katze miaut uns an, und wir miauen (oder reden) zurück! Doch wissen wir eigentlich, was die Katze uns da sagen will? Und warum miauen Hauskatzen so viel?

Alle Kätzchen – die der Afrikanischen Wildkatze, der heimischen Wildkatze und der Hauskatze – miauen ihre Mütter an. So kommunizieren sie, dass ihnen kalt ist, sie Schmerzen oder Hunger haben, sich in einer misslichen Lage befinden oder von ihren Müttern getrennt wurden. Hauskatzen miauen allerdings auch dann noch viel, wenn sie älter werden. Das liegt daran, dass wir Katzenmenschen dieses Verhalten bestärken. Untersuchungen haben gezeigt, dass das Miauen einer Hauskatze tatsächlich anders klingt als bei der heimischen oder der Afrikanischen Wildkatze. Das Miau unserer Stubentiger ist kürzer, höher und klingt für uns angenehmer. Hauskatzen sind außerdem dafür bekannt, auf unterschiedliche Art zu maunzen, je nachdem, was gerade passiert (sie werden gefüttert, sitzen irgendwo fest, sind in einer Notlage etc.). Allerdings kann jede Katze auf ihre eigene Weise miauen. Wissenschaftler haben auch herausgefunden, dass Menschen meist kaum entziffern können, was diese unterschiedlichen Maunzer tatsächlich bedeuten. (Ist die Katze hungrig, will sie kuscheln, oder braucht sie Hilfe?) Menschen, die Katzenfreunde sind oder mehr Erfahrung mit ihnen haben, schneiden bei diesen Tests etwas besser ab, doch am ehesten schafft es der Katzenhalter, das Miau seiner Mieze richtig einzuordnen. Die Forscher schlossen daraus, dass Katzen zwar auf jeden Fall versuchen, mit uns zu kommunizieren, es aber auch etwas Training bedarf, damit wir verstehen, was sie tatsächlich von uns wollen.

DANKE

... dass Sie sich für dieses Buch entschieden haben! Ich hoffe, Sie hatten viel Spaß beim Lesen und konnten einiges über Ihre geliebte Katze lernen. Hoffentlich haben Sie auch etwas Neues über ihren besonderen Charakter erfahren – wie sie tickt, was sie mag und was nicht. Womöglich haben Sie sogar ein paar Dinge verändert, um ihre Lebensbedingungen und ihr allgemeines Wohlbefinden zu verbessern. Da Sie dieses Buch in die Hand genommen haben, verstehen Sie sicherlich, wie kostbar die Beziehung zwischen Katze und Mensch ist, und ich hoffe, dass meine praktischen Tipps und Tricks Ihnen und Ihrem Stubentiger dabei helfen werden, ein noch glücklicheres Leben zu führen.

Dr. Lauren Finka

SACHREGISTER

A
Afrikanische Wildkatze 9, 41

B
Bengalkatze 39
Britisch-Kurzhaar-Katze 39
Burma-Katze 39

C
C.A.T.-Streichelalgorithmus 56 ff.
Corbish-Rex-Katze 39

D
Drei-Sekunden-Regel (Streicheln) 58

F
Falbkatze 9, 215
Futternapf, interaktiver 33, 165, 168

G
Glückliche Katze 178–231
 – Persönlichkeitstest 181–202, 216–226
 – Persönlichkeitstest (Auswertung) 203 ff., 227–231
 – Tipps und Ratschläge 206
GPS-Halsband 167

H
Hauskatze 9 f., 32, 38, 41, 62, 84, 148, 172, 215

J
Jagdkatze 148–176
 – Persönlichkeitstest 148–163
 – Persönlichkeitstest (Auswertung) 164–174
 – Tipps und Ratschläge 170 f., 174

K
Katze passim
 – Abwechslung und 167
 – abweisendes Verhalten der 37
 – Altersunterschied bei 113
 – anregende Umgebung und 166
 – Babys und 63–81
 – Bedürfnispyramide 207
 – Bedürfnisse der 206
 – Beute der 175

- bisherige Erfahrungen der 178
- Botschaften der 84
- Charakter der 10, 63, 65, 113, 178
- chronische Krankheiten der 258
- chronische Schmerzen und 36
- Dominanzhierarchien und 145
- Eckzähne der 175
- Entdeckerdrang der 165
- Erbgut der 148
- exotische 40, 257
- fester Tagesrhythmus und 227
- freilebende 34, 85
- frühere Erfahrungen der 112 f.
- Futter der 228
- Futtersorten und 168
- Garten und 167, 228
- Geborgenheit und 209 f.
- Geruchssinn der 175
- Gesundheit der 206
- Grundbedürfnisse der 208–212, 239, 247
- Halter und 40
- Hautdrüsen der 62
- Hormone der 114
- Interaktion mit Menschen 31
- Jagdrepertoire der 148
- Jagdverhalten der 149
- Kindchenschema und 61
- Kontrollbedürfnis der 215
- Kontrollverlust und 229
- Körpergeruch der 62
- körperliche Bedürfnisse 208 f.
- körperliche Gesundheit der 114, 179
- Körpersprache der 214
- Krankheiten der 36
- Kuscheleinheiten und 228
- Kuscheln mit 41
- Lieblingsgericht der 168
- Mahlzeiten und 168 f.
- Miauen der 262
- Ohren der 175
- persönliche Sicherheit der 230
- Persönlichkeit der 14, 38, 40
- positive Erfahrungen und 179
- positive Sozialisierung der 30, 259
- positive Stimulation der 212
- Prägung der 35
- psychische Gesundheit der 114
- psychische Verfassung der 179
- Schnurrhaare der 175
- Schnurrlaute der 81
- Selbstvertrauen der 29

- sensible Phase der 30, 34, 60, 257
- Sicherheitsbedürfnis der 215
- soziale Katzendynamiken und 115
- soziale Verhaltensstrategien der 84
- Sozialisierung der 35
- Stammbaum der 113
- Streicheln und 42–53
- Streichelvorlieben der 55
- Stress und 230
- subtiles Mobbing der 95
- Tipps und Ratschläge 74 ff., 112 ff., 206 f., 229 ff., 247
- Trauer und 146
- Umgang der 30
- Umgebung und 114, 178, 210 f.
- veränderte Lebenssituation und 63
- Veränderungen und 228 ff.
- Verstecke der 228
- Vorfahren der 112
- Vorhersehbarkeit und 231
- Vorlieben der 31
- wichtigste Ressourcen der 37
- Wohlbefinden der 206
- Zufluchtsorte für 230
- Zufriedenheit der 206
- Zugang zu Ressourcen 209 f.

Katze-Kind-Interaktion 78
Katze-Mensch-Beziehung 259
Katzenklappe 122 f., 211
Katzenklo 121, 230
Katzenbaum 77, 165
Katzendiagramm 45
Katzeneltern 234–263
- Auswahlkriterien der 236
- Erziehungsstil der 258
- Persönlichkeitstest 235–244, 248–255
- Persönlichkeitstest (Auswertung) 245 f. 256–261
- Tipps und Ratschläge 247

Katzenelternschaft 246
Katzenkatze 84–146
- ausweichende Verhaltensweisen 206
- Beziehungen der 87
- Beziehungstypen der 86
- feindliche Verhaltensweisen 108 f.
- Persönlichkeitstest 87–94, 100–110, 125–138
- Persönlichkeitstest (Auswertung) 95–99, 110–124, 138–144
- Spannung zwischen 96 ff.
- Tipps und Ratschläge 112–125, 140–144

Katzenklappe
Katzenpflanzen 166

Korat-Katze 39
Kratzbaum 211

M

Mehrkatzenhaushalt 85
- Dynamik im 115
- Harmonie im 112
- Konflikte im 112, 123
- Miteinander im 86
- Menschenkatze 14–80
- Persönlichkeitstest 15–28, 63–71
- Persönlichkeitstest (Auswertung) 29–37, 72 ff.
- Tipps und Ratschläge 33, 36 f., 55–60, 74–77

Middening 84
Munchkin-Katze 40, 257

P

Perserkatze 40, 61, 257

R

Rassekatze 38 ff., 257
- Atemwegserkrankungen der 62
- chronische Krankheiten der 40, 258
- exotische 61

Russisch-Blau-Katze 39

S

Schottische Faltohrkatze 40, 258

T

Türkisch-Van-Katze 39

W

Wildkatze 145
- als Einzelgänger 32, 84

Unsere Leseempfehlung

176 Seiten
Auch als E-Book
erhältlich

Der Kater Herr Paul ist das perfekte Beispiel dafür, dass Katzen die besten Gurus und Lebenslehrer sind! Wir können uns noch viel von ihnen abschauen, was ein entspanntes, gelungenes Leben angeht. Herr Paul zeigt uns, wie wir dem Stress widerstehen, unsere Unabhängigkeit behalten, höflich bleiben und diskret Einfluss auf den Lauf der Dinge nehmen – ob im Job, in der Beziehung oder unter Freunden. Schön illustriert und gestaltet, mit charmanten Übungen und Leitsätzen.

www.goldmann-verlag.de
www.facebook.com/goldmannverlag

Unsere Leseempfehlung

208 Seiten

Eine Katze ist selbstreinigend, handlich und in verschiedenen Ausführungen erhältlich, aber leider manchmal kompliziert im Handling. Dennoch werden die meisten Modelle immer noch ohne Gebrauchsanweisung ausgeliefert. Hier kommt Abhilfe: Mit übersichtlichen Diagrammen erklärt diese Betriebsanleitung Schritt für Schritt, wie man eine Katze mühelos in Betrieb nehmen und artgerecht instand halten kann.

www.goldmann-verlag.de
www.facebook.com/goldmannverlag

Unsere Leseempfehlung

208 Seiten

Bei korrekter Wartung hat der Hund einen hohen Nutzwert. Er ist in unterschiedlichen Ausführungen erhältlich und kann je nach Konfiguration vielfältige Funktionen ausüben. Leider werden die meisten Modelle ohne Gebrauchsanweisung ausgeliefert. Hier kommt Abhilfe: Umfassend und leicht verständlich erklärt diese Anleitung, wie man jedes Modell mühelos in Betrieb nehmen und artgerecht instand halten kann.

www.goldmann-verlag.de
www.facebook.com/goldmannverlag

Ein Leben ohne Hund ist möglich, aber sinnlos!

Charmante Reime, die die liebenswerten Eigenheiten von Hunden und Menschen aufs Korn nehmen.

GESCHENK-TIPP

Mit »Sitz! Von Hunden und ihren Menschen« präsentieren Matt Harvey und Claudia Schmid ein liebevoll gestaltetes Buch, das nicht nur die Herzen von Hundeliebhabern höherschlagen lässt. Die zauberhaften Gedichte, die jeden schmunzeln lassen, der unsere besten Freunde schon einmal verliebt beobachtet hat, sind mit humorvollen Zeichnungen illustriert. Es geht um Freundschaft, kleine Häufchen und um viel weiches Fell. Das beste Geschenk für Hundefreunde und alle, die sich über die kleinen Dinge im Leben freuen können.

mosaik
www.mosaik-verlag.de

64 Seiten

978-3-442-39366-4